El placer del lettering

Título original: *The Joy of Lettering. A Creative Exploration of Contemporary Hand Lettering, Typography & Illustrated Typeface.*
Publicado en 2016 por Walter Foster Publishing.

Ilustraciones y fotografías: Gabri Joy Kirkendall y Jaclyn Escalera
Fotografía p. 44 (manuscrito): Shutterstock

Versión castellana de Darío Giménez
Diseño de la cubierta: Toni Cabré/Editorial Gustavo Gili, SL

Printed in China
ISBN: 978-84-252-3143-8
Depósito legal: B. 16078-2018

MIXTO
Papel procedente de fuentes responsables
FSC® C101537

Editorial Gustavo Gili, SL
Via Laietana, 47 2°, 08003 Barcelona, España. Tel. (+34) 933228161
Valle de Bravo 21, 53050 Naucalpan, México. Tel. (+52) 5555606011

El placer del lettering

GUÍA PRÁCTICA PARA EXPLORAR EL MUNDO DE LA ROTULACIÓN CONTEMPORÁNEA

GGDIY

GABRI JOY KIRKENDALL Y JACLYN ESCALERA

Índice

ENCONTRARÁS TUTORIALES CON INSTRUCCIONES PASO A PASO DE TODOS LOS PROYECTOS QUE APARECEN EN LA GALERÍA –Y OTROS MUCHOS– EN HTTPS://GGILI.COM/MATERIAL-PLACER-LETTERING

INTRODUCCIÓN

El placer del lettering es accesible a todo el mundo. Sea cual sea tu nivel de pericia o experiencia en el dibujo de letras, te invitamos a emprender con nosotras esta travesía creativa para probar nuevas ideas, pulir tu destreza y desarrollar tu estilo personal.

En las páginas siguientes aprenderás lo necesario para consolidar una buena base en el arte del lettering. Descubre cómo aplicar estilos tipográficos originales y muy versátiles para crear y ornamentar letras con diversidad de materiales y técnicas, gracias a los consejos de artistas expertos, a la orientación de profesionales y a sencillos tutoriales con instrucciones paso a paso.

Como ocurre con todas las formas de expresión artística, cada creador tiene su manera particular de rotular a mano. Nadie dibujará las letras igual que lo haces tú. Y, por ello, tampoco podrás duplicar con exactitud los distintos estilos que presentamos en este libro, ni deberías empeñarte en hacerlo. Las letras que salen de tu mano son exclusivamente tuyas, de modo que acepta y aprovecha su peculiaridad y su autenticidad. A medida que practiques, verás cómo va surgiendo y mejorando tu estilo propio.

¡Disfruta del lettering!

Este libro está dividido en cuatro capítulos que te guiarán en tu exploración del lettering y la tipografía:

ESTILOS TIPOGRÁFICOS

Dibuja letras de temáticas y estilos variados.

TÉCNICAS DE LETTERING

Descubre nuevas técnicas y herramientas que te ayudarán a ampliar tu repertorio.

LETTERING CON TÉCNICAS ALTERNATIVAS

Aprende a rotular con materiales y herramientas no convencionales.

SOPORTES Y PROYECTOS DE LETTERING

Progresa en tu dominio de la rotulación con proyectos paso a paso.

LOS ELEMENTOS de LAS LETRAS

Nuestras letras, tanto por las palabras que elijamos como por el estilo caligráfico o tipográfico que empleemos, son como la plasmación gráfica de nuestra voz. Una letra es una representación gráfica de un sonido, no un objeto o una idea, lo que exige que para transmitir un significado concreto haya que combinar varias de ellas. La tipografía puede adquirir diversas formas, y estas normalmente se agrupan en familias por el parecido de sus elementos.

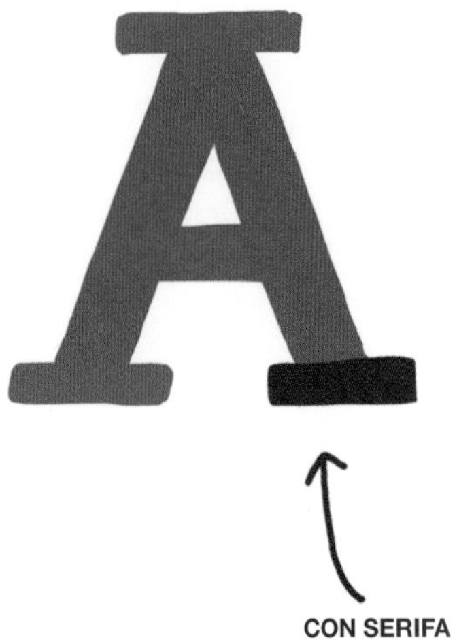

SERIFA, GRACIA O REMATE

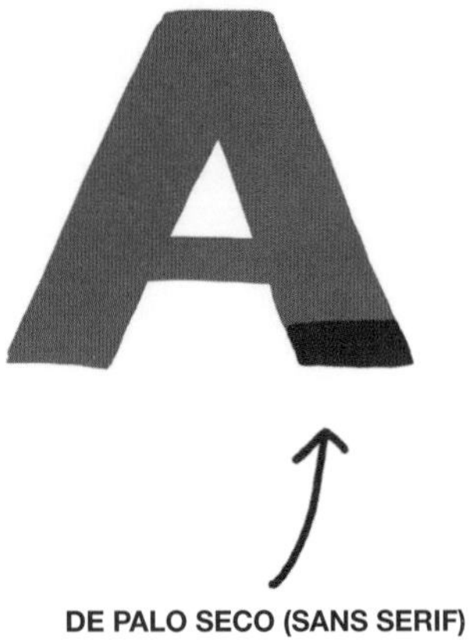

TERMINALES SIN SERIFAS

MINÚSCULA O CAJA BAJA

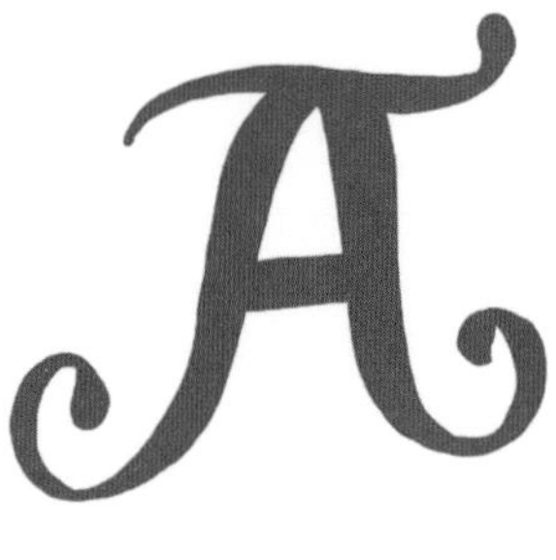

MAYÚSCULA O CAJA ALTA

Estos son los términos que designan las distintas partes de las letras. ¿Y por qué es importante conocerlos? Porque nos permiten experimentar con las formas y hasta crear nuestras propias familias tipográficas.

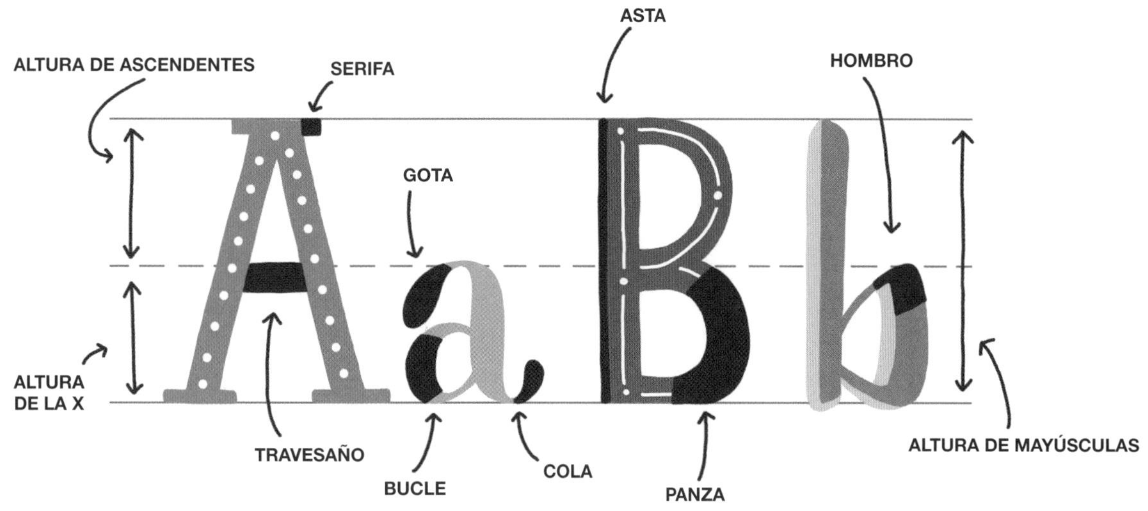

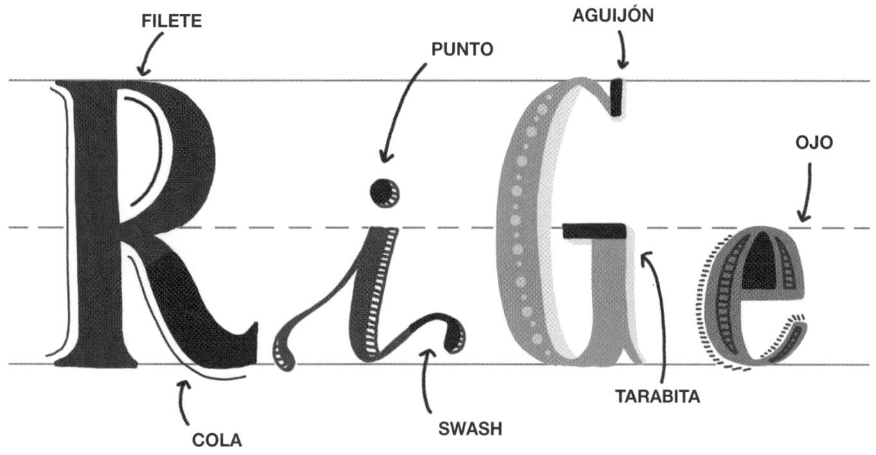

TRUCO DE ARTISTA

PRACTICA EN PAPEL PAUTADO. ES IDEAL PARA DAR COHERENCIA A LAS PARTES DE LAS LETRAS.

*Ligadura se refiere tanto al glifo que forman dos letras unidas, como al trazo que las une.

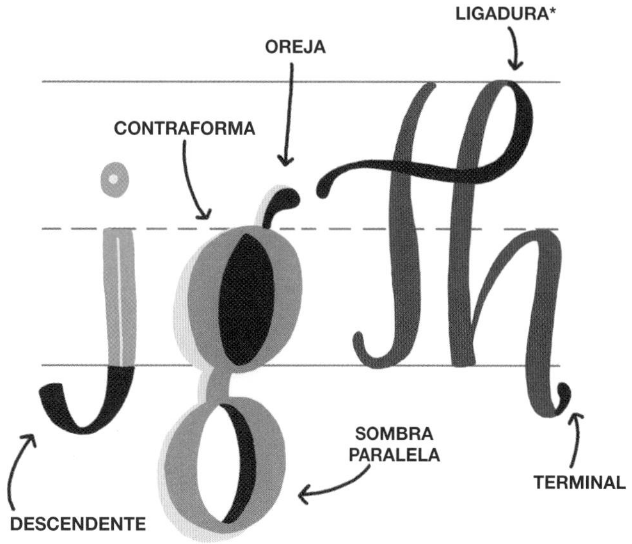

HISTORIA ILUSTRADA *de* LA ESCRITURA

Los humanos escribimos para comunicarnos a través del espacio y del tiempo, para ser escuchados y para dejar constancia de nuestra existencia. Desde su nacimiento, hemos usado la escritura en el comercio, la poesía, la narración, el registro de la historia y muchas más cosas. Es una de las artes más versátiles que existen. ¿Y cómo empezó todo?

CÓMO EMPEZÓ

APARECIERON LOS PICTOGRAMAS Y JEROGLÍFICOS

EN 1440, GUTENBERG INVENTÓ LOS TIPOS MÓVILES

SE CREARON NUEVOS ESTILOS Y FAMILIAS TIPOGRÁFICAS

GARAMOND
1500s

GARAMOND

CASLON
1720

CASLON

PERO SURGIERON PROBLEMAS...

ASÍ QUE LOS FENICIOS CREARON LOS FONOGRAMAS

LOS ROMANOS EMPEZARON A EXPERIMENTAR CON ESTILOS DE ESCRITURA DIFERENCIADOS

DESPUÉS, LOS ESCRIBAS MEDIEVALES COPIABAN LIBROS A MANO SOBRE PERGAMINO (PIEL DE ANIMAL)

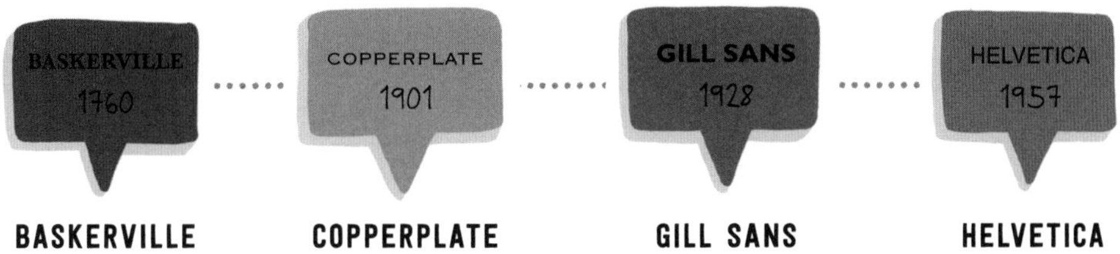

BASKERVILLE COPPERPLATE GILL SANS HELVETICA

HASTA EL ACTUAL RENACIMIENTO DEL LETTERING MANUAL

ESTILOS TIPOGRÁFICOS

En todas partes puedes encontrar inspiración para el lettering, desde la cartelería y la publicidad antiguas hasta las texturas y motivos de la naturaleza. A lo largo de los siglos, las formas de las letras han evolucionado y se han transformado, desde los jeroglíficos hasta los primeros tipos impresos tradicionales y, de ahí, a las letras de palo seco modernas del siglo xx y a las familias de estilo fantasía más informales.

No hace falta tener demasiada pericia artística para experimentar con los estilos tipográficos. Como aquí verás, lo único que hace falta tener es imaginación. Con unas cuantas herramientas sencillas, como rotuladores y lápices de colores, puedes crear lettering de todo tipo de estilos y temáticas.

En este capítulo encontrarás ejemplos de lo más vistoso, instrucciones y útiles consejos para explorar diez estilos distintos de letras. Pero no te quedes ahí. Recuerda que existen infinidad de estilos y temas que explorar a la hora de darles forma a tus textos rotulados.

¿Qué estética te va más? ¿Rústica, industrial, modernista o arabesca? Sea cual sea el estilo que elijas, estudia las características y los rasgos que lo definen, y luego explora nuevas maneras de aplicarlos a tus letras rotuladas.

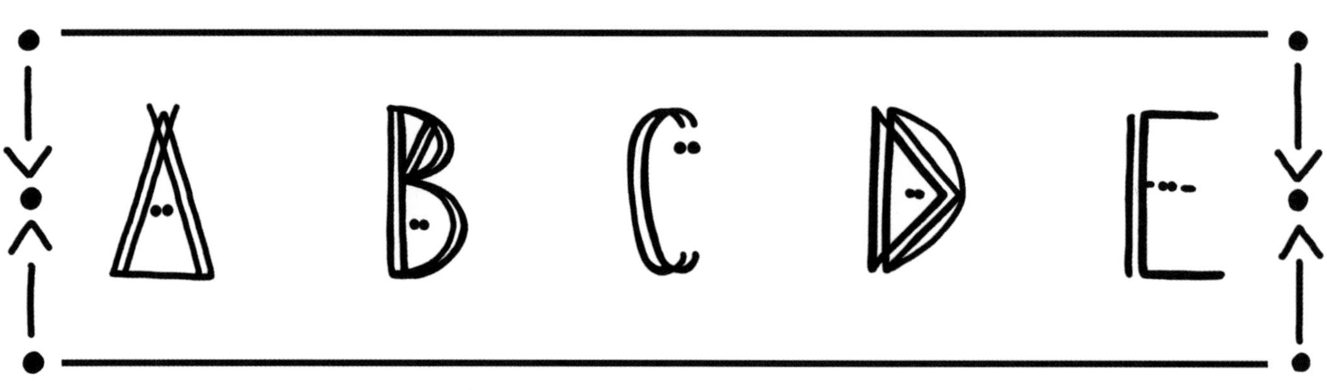

Aquí tienes una pequeña muestra de los diez estilos que se presentan en este capítulo. Una vez te hayas familiarizado con ellos, puedes seguir explorando otros estilos tipográficos.

Art déco

Náutica

Cubista

Garamond

Parisina

Medieval

Moderna

Retro

Western

Tribal

ART DÉCO

El movimiento de diseño art déco, originario de la década de 1920, se suele asociar a menudo con la decadencia y la frivolidad de los felices años 20 que tan bien retrató F. Scott Fitzgerald en su novela *El gran Gatsby*.

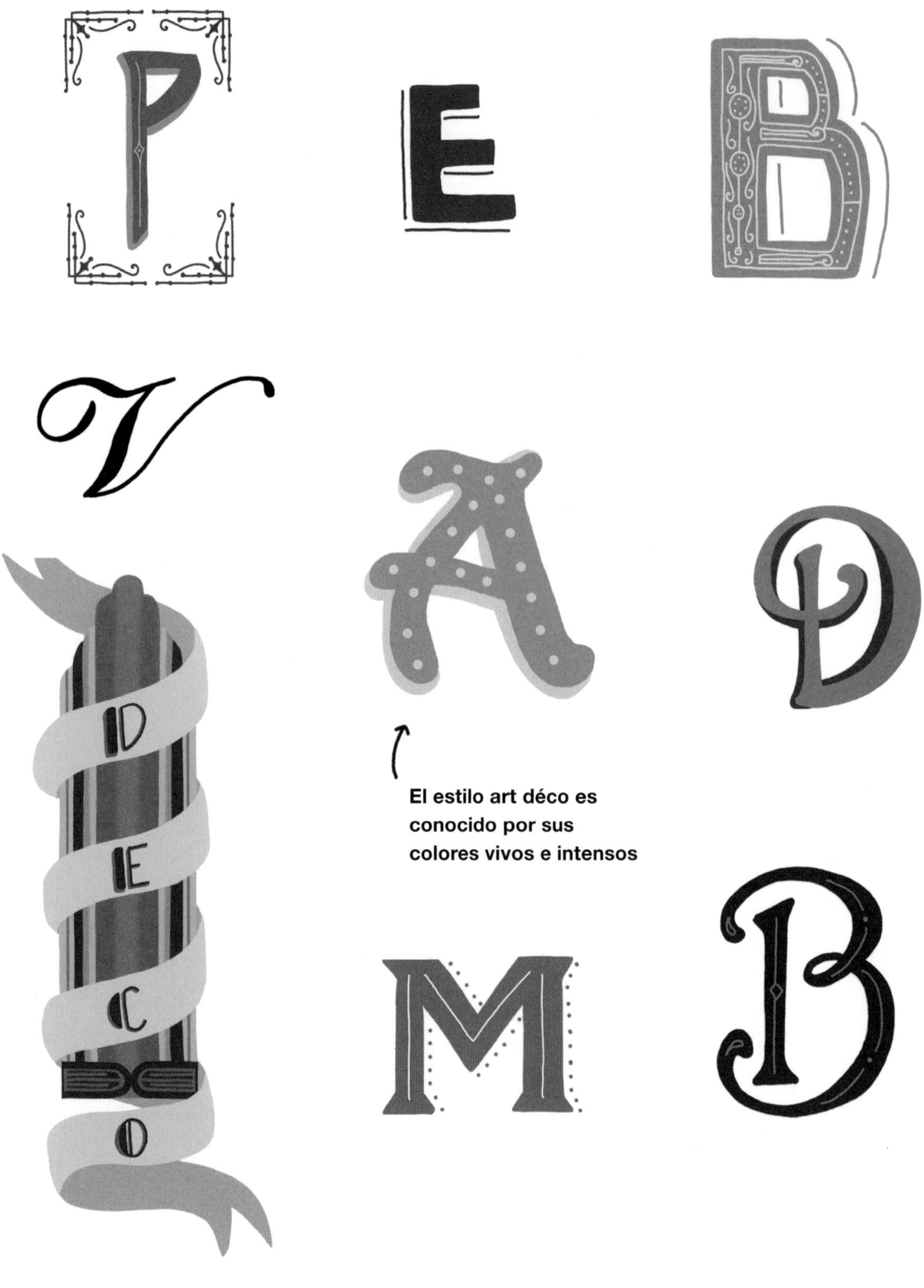

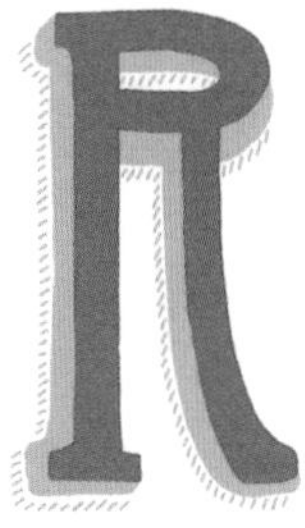

La elegancia ornamental es una característica de este estilo

Otro aspecto interesante del movimiento art déco es el peculiar estilo de sus florituras. Pueden ser un ornamento genial para tus trabajos de lettering

Rasgos CARACTERÍSTICOS

- FORMAS SENCILLAS Y LIMPIAS
- ORNAMENTACIÓN GEOMÉTRICA
- CURVAS AMPLIAS
- TRAZOS GRUESOS

NÁUTICA

Las letras de estilo náutico evocan la vida marinera. Imagínate que notas el olor a sal en el aire y el tacto de la arena bajo tus pies mientras deslizas el rotulador por la página. Este es un bello estilo de lettering desenfadado, que acepta cualquier elemento gráfico relacionado con el océano y la playa. Piensa en palmeras, estrellas de mar, olas y otros detalles náuticos que puedas incorporar para que te queden unas letras insólitas y originales.

La combinación de letras gestuales y adornadas alude al vaivén de las olas del mar

Imita a las primitivas fuentes tipográficas náuticas

Evoca las olas, de cuya espuma emerge una cola de pez

Puedes incorporar texturas y motivos variados

Hafa Adai es un saludo informal en idioma chamorro que significa "Hola"

CUBISTA

El cubismo es un movimiento de innovación artística que se desarrolló entre 1907 y 1914. Este estilo, que se consideraba minimalista y vanguardista, fue popularizado por Pablo Picasso, sobre todo con obras como su *Guernica*.

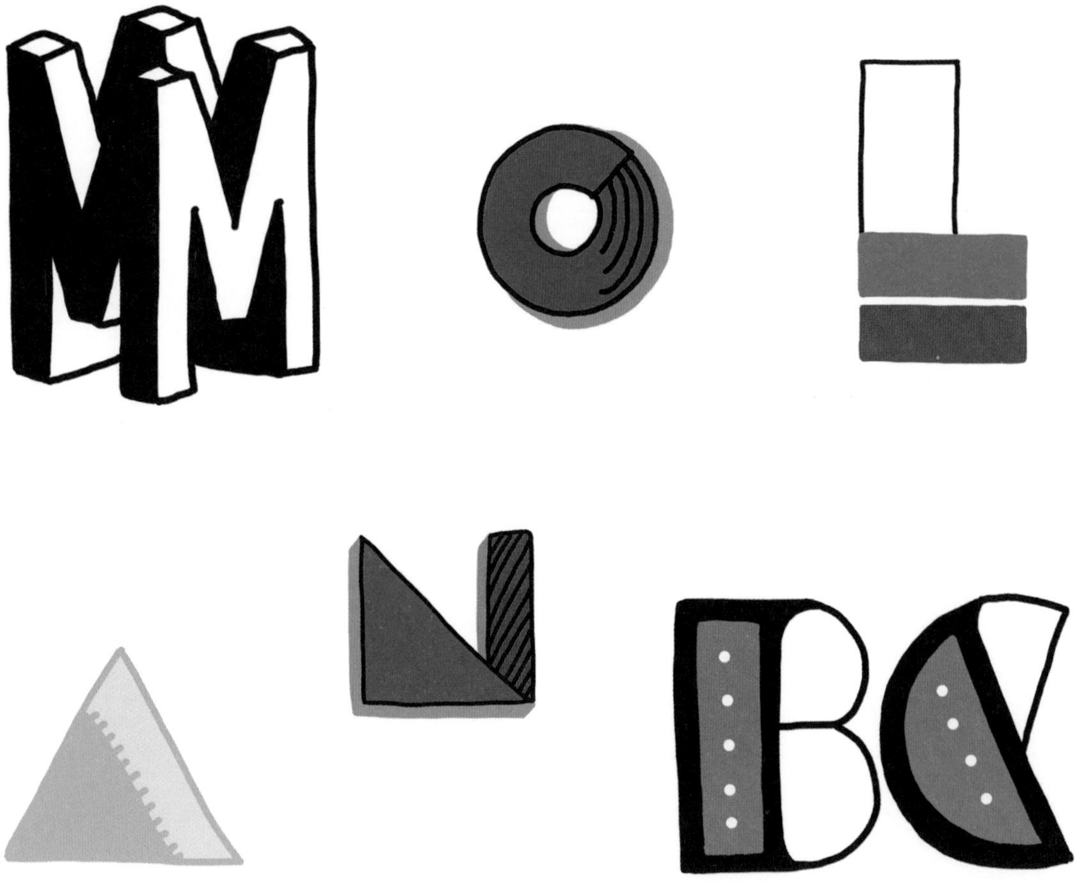

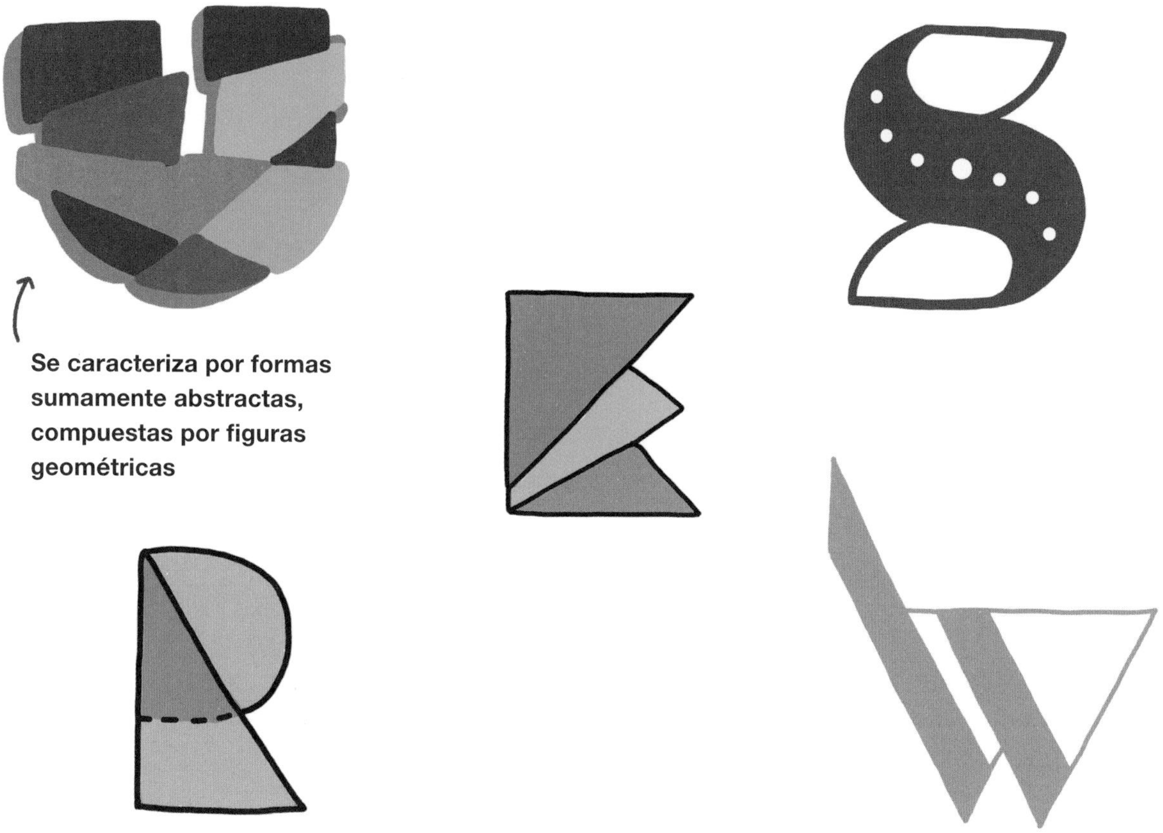

Una buena manera de abordar el estilo cubista es esbozar primero el armazón básico de la letra y luego dividirla en formas geométricas

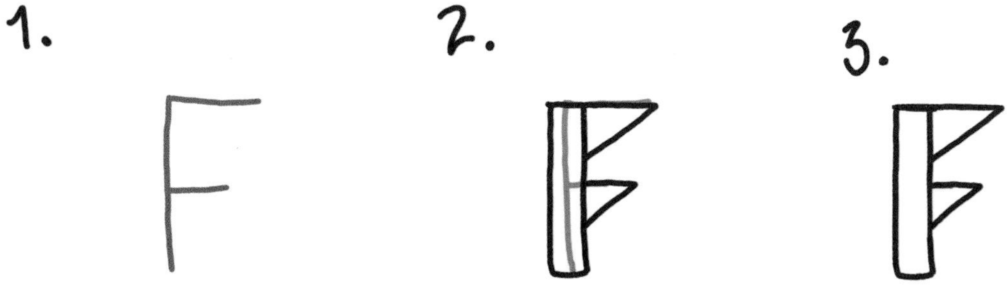

Rasgos CARACTERÍSTICOS

- GEOMÉTRICAS
- FORMAS BÁSICAS
- CONTRASTE ACENTUADO

GARAMOND

En lettering, se emplea el término *Garamond* para aludir a un grupo de familias del estilo romana antigua. Este estilo tipográfico se concibió antiguamente para darles elegancia y legibilidad a los textos impresos.

La familia de tipos Garamond es muy versátil gracias a sus numerosos pesos, cursivas, ornamentos, variantes estilísticas y ligaduras.

La Garamond destila elegancia sin abusar de la ornamentación

Historia de la GARAMOND

La familia tipográfica Garamond se basa en una serie de punzones tipográficos tallados por el impresor y diseñador de tipos francés Claude Garamond a principios del siglo XVI. Los punzones de Garamond fueron evolucionando con el paso del tiempo. Una de sus versiones más notables fue la que realizó Jean Jannon a principios del siglo XVII. En 1825 se recuperó la versión que había hecho Jannon de la Garamond después de haber estado perdida durante casi 200 años. Se le adjudicó erróneamente esa versión a Claude Garamond, motivo por el cual se bautizó con su nombre.

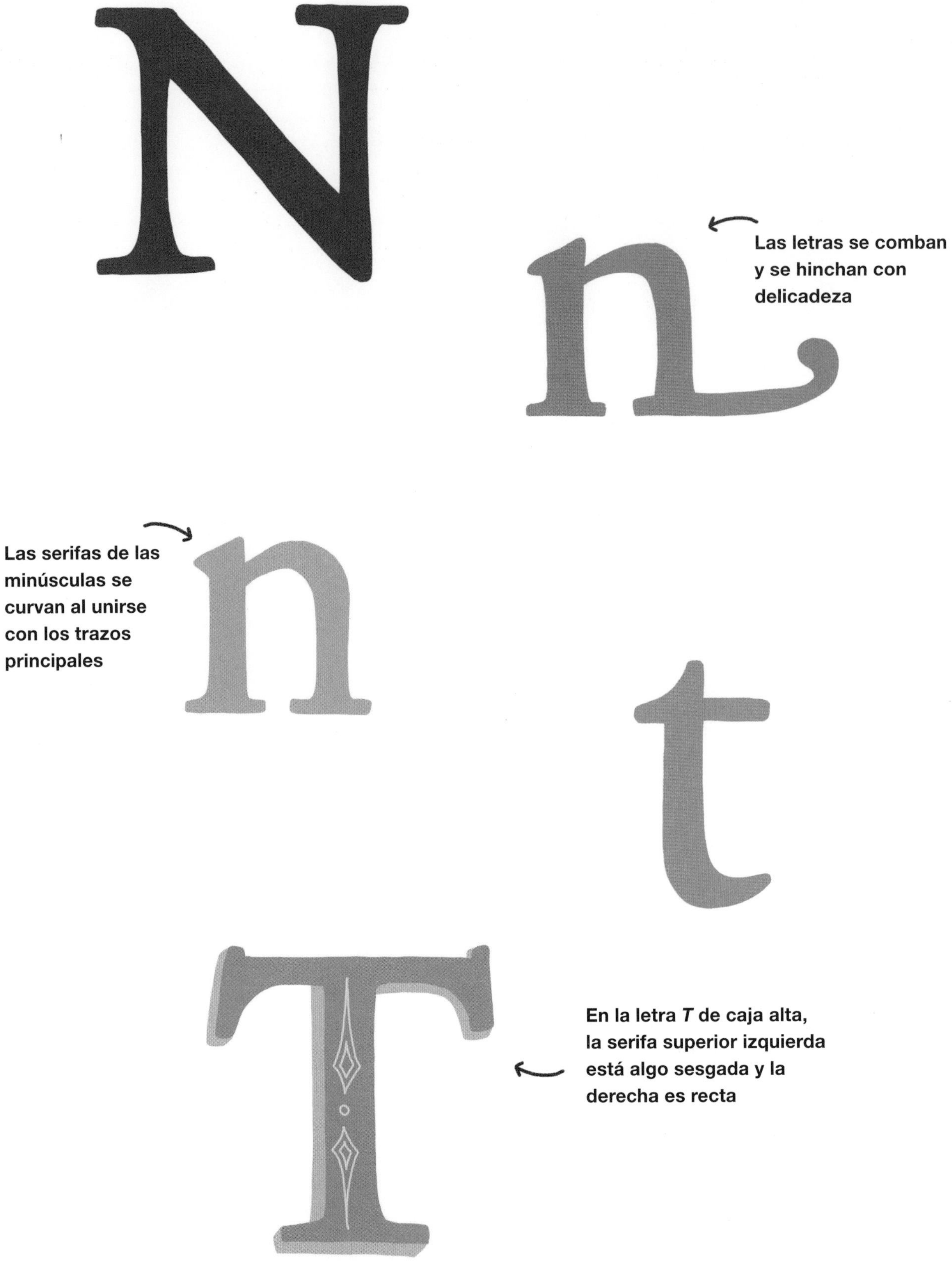
Las letras se comban y se hinchan con delicadeza
Las serifas de las minúsculas se curvan al unirse con los trazos principales
En la letra *T* de caja alta, la serifa superior izquierda está algo sesgada y la derecha es recta

LIGADURAS

Las ligaduras están compuestas por dos o más letras unidas entre sí. Las primeras ligaduras se encuentran ya en los manuscritos antiguos y su razón de ser no era estética, sino práctica: ahorraban tiempo a los escribas. Con la aparición de la imprenta se empezaron a usar ligaduras para corregir problemas de espaciado. Son una hermosa combinación de forma y función. Abajo se pueden ver las ligaduras de las letras *s* y *t* y de las letras *V* e *i*.

Rasgos **CARACTERÍSTICOS**

- SERIFAS CÓNCAVAS Y ESTILIZADAS
- MODULACIÓN INCLINADA
- CONTRASTE MÍNIMO ENTRE TRAZOS GRUESOS Y FINOS
- TRAZOS DE CURVAS SUAVES
- TERMINALES REDONDEADOS

PARISINA

A principios del siglo XX se generalizó la práctica de aplicar formas geométricas a los estilos tipográficos existentes. Ese cambio dio origen al estilo de letra parisina, que evoca imágenes de edificios altos y majestuosos, y tiene un aire de elegancia y de opulencia. La parisina es fruto de la Belle Époque, un periodo que se prolongó en Europa occidental desde la década de 1870 hasta el año 1914 y que es conocido por su prosperidad, innovación, cultura y arte. Este estilo se asocia también con los inicios del movimiento art déco.

Rasgos **CARACTERÍSTICOS**

- TRAZOS RECTOS Y DECIDIDOS
- TRAZOS FINOS Y GRUESOS YUXTAPUESTOS
- MAYÚSCULAS ANCHAS CON CURVAS
- MINÚSCULAS ALTAS CON ASCENDENTES RECTOS

MEDIEVAL

Lo que determina el carácter de los estilos medievales de lettering es principalmente el tipo de útiles de escritura. Los escribas medievales se fabricaban sus cálamos tallando juncos o plumas de ave. La peculiaridad de esos útiles, junto con la necesidad de escribir con rapidez sobre pergamino, sentó las bases del arte caligráfico medieval, con sus letras redondeadas y elaboradas y sus minuciosas ilustraciones y florituras. En los monasterios se elaboraron las muestras más conocidas de caligrafía medieval, como el *Libro de Kells*.

En este estilo se emplean trazos y elementos decorativos acentuados

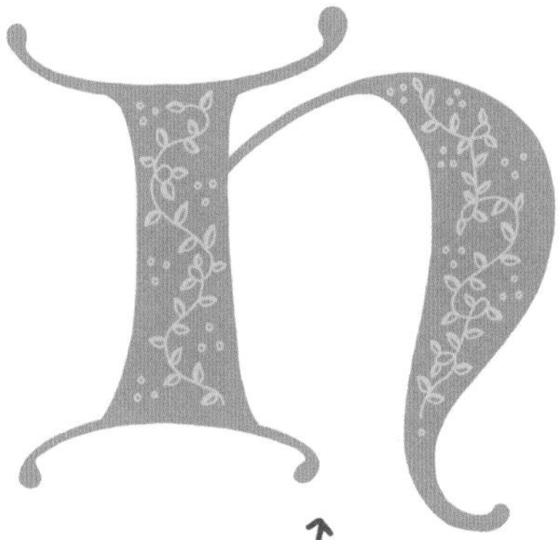

En ocasiones presentan serifas y colas curvas y alargadas

Las letras minúsculas muestran una combinación de bordes nítidos y curvas elegantes

Rasgos CARACTERÍSTICOS

- ALARGAMIENTOS Y FLORITURAS
- COLAS Y ESPOLONES
- SERIFAS ESTILIZADAS Y ALARGADAS
- SÍMBOLOS DIACRÍTICOS DECORATIVOS
- BORDES NÍTIDOS Y RECTOS, FRUTO DE LA PUNTA RECTA DEL CÁLAMO O DE LA PLUMILLA

MODERNA

El movimiento moderno del grafismo y el diseño surgió a mediados del siglo XX y se prolongó prácticamente desde mediados de la década de 1930 hasta la década de 1960. Esta tendencia del diseño exhibe una estética sencilla y limpia, con escasa ornamentación, formas geométricas y motivos vistosos. Este estilo, que inicialmente se popularizó en el mobiliario, la arquitectura y el diseño de interiores, ha experimentado un resurgimiento en la última década.

Los tipos de fantasía son típicos del estilo moderno de mediados de siglo

Colores naturales

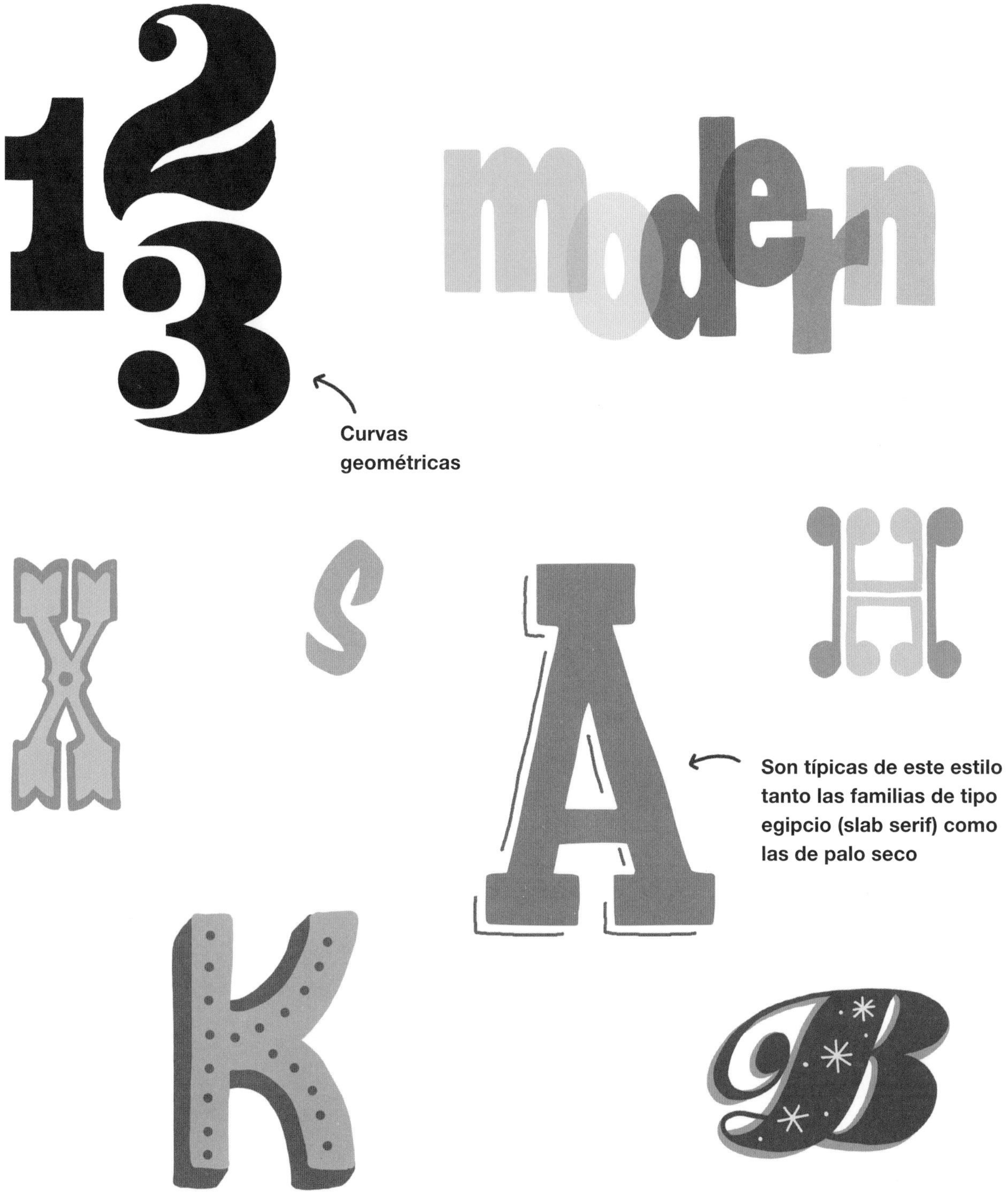

Rasgos CARACTERÍSTICOS

- LETRAS CALIGRÁFICAS DE FANTASÍA CON ASCENDENTES ROBUSTOS
- FAMILIAS DE PALO SECO, GRUESAS Y GEOMÉTRICAS
- ÁPICES Y LÍNEAS BASE DE ALTURAS IRREGULARES
- FORMAS SESGADAS

RETRO

El estilo retro nos remonta a los gloriosos tiempos de las décadas de 1940 y 1950. Este estilo evolucionó a partir del *boom* de la posguerra y se suele asociar con la rotulación y la publicidad de grandes marcas como Coca-Cola y Pegasus. El lettering retro evoca imágenes de optimismo y rotulaciones típicas de Estados Unidos, como las señales de la Ruta 66.

Letras curvas

El estilo retro recuerda a los rótulos de neón, las flechas destellantes y la ostentación de mediados de siglo. El límite lo pones tú: diseños con serifas, de palo seco, con curvas, en 3D, con estrellas y de estética sideral. Es un estilo para divertirse experimentando.

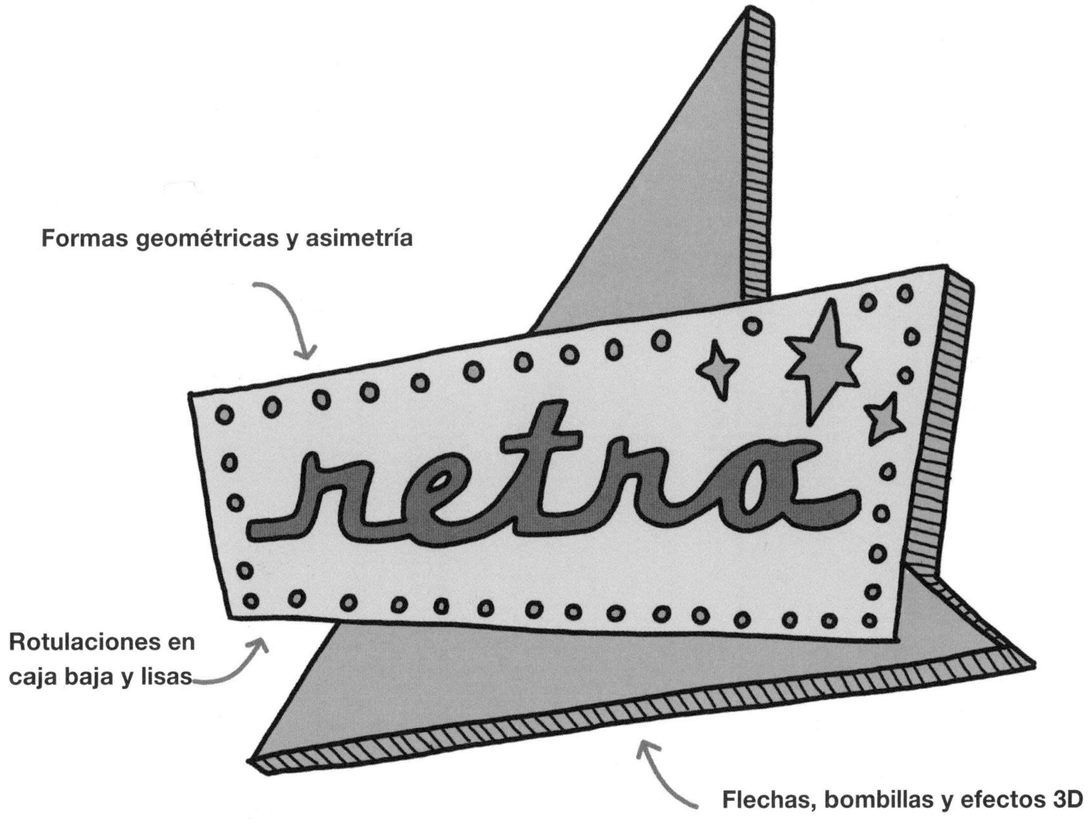

WESTERN

Estos estilos de rotulación nos retrotraen a los tiempos del Salvaje Oeste. Son los tipos de letra que tanto hemos visto rotuladas en los carteles de películas del Oeste. Otras influencias de este estilo son los clásicos rótulos trazados a mano, rústicos pero intrincados, de las primeras poblaciones de la zona petrolera de Estados Unidos, así como los llamativos carteles de busca y captura de los célebres forajidos del Oeste americano.

Este tipo de ornamentaciones son reminiscentes del repujado del cuero

Las letras contorneadas adquieren mayor interés visual

Serifas ornamentales estilizadas

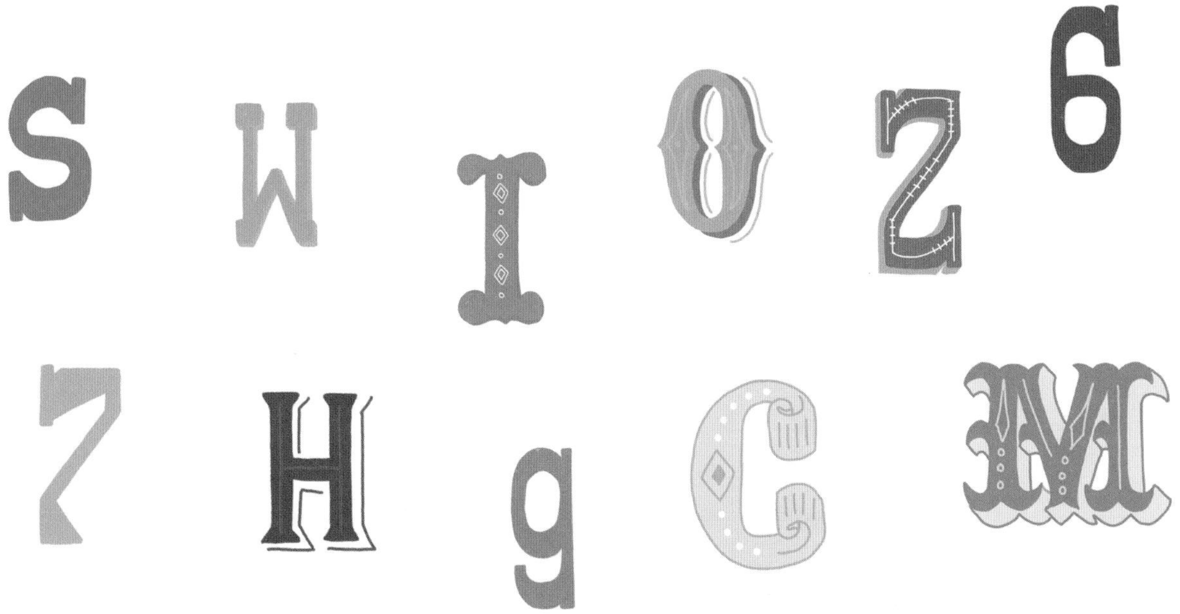

El lettering de tipo western está cargado de florituras y detalles elaborados

TRIBAL

El lettering de estilo tribal se puede definir como cualquier tipo de rotulación que se inspire en motivos reconocibles relacionados con culturas y diseños indígenas, desde la Polinesia hasta los nativos americanos, pasando por África. Algunos de los elementos más habitualmente empleados son flechas, plumas y figuras geométricas.

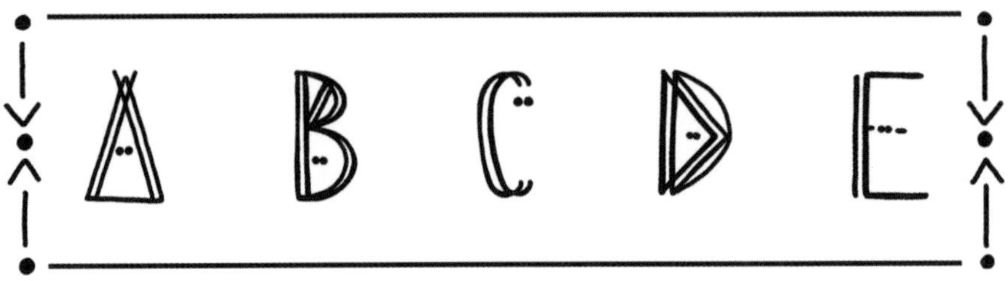

Este es un diseño que recuerda a la artesanía polinesia por su combinación de formas geométricas

Las flechas pueden ser contenedores geniales para algunas rotulaciones

Abajo vemos un estupendo ejemplo de cómo incorporar este estilo de lettering a un trabajo de diseño. Esta composición de un atrapasueños aúna letras y plumas para conseguir un toque ilustrativo. Líneas, flechas y otras piezas decorativas embellecen las letras, y la yuxtaposición de escritura en letra ligada cursiva y letras menos caligráficas aporta atractivo visual al diseño.

TÉCNICAS DE LETTERING

El arte de la letra es una disciplina artística tan potente como antigua. Los actuales artistas del lettering siguen los pasos de tradiciones centenarias que se remontan a los tiempos en que los monjes copiaban a mano e iluminaban los manuscritos, siglos antes de la invención de la imprenta.

Hoy son infinitas las técnicas y los métodos para producir rotulaciones expresivas y hermosas. Desde los lápices y los rotuladores hasta las plumas y la pintura, pasando incluso por las ceras y la tiza, se puede usar prácticamente cualquier útil de dibujo o pintura para componer bellas letras y palabras. Puedes incluso llevar la rotulación a la esfera digital si escaneas o fotografías el original acabado, para usarlo luego en múltiples aplicaciones creativas y originales.

Las técnicas y útiles que figuran en este capítulo no componen en absoluto un repaso exhaustivo, sino solo una muestra del sinfín de opciones disponibles. Sírvete de estas ideas como punto de partida y no temas expandir tus horizontes y experimentar con otras técnicas y herramientas de lettering.

UNA BUENA MANERA DE PRATICAR LA ROTULACIÓN CON ÚTILES DIVERSOS Y DISTINTOS ESTILOS ES CREAR UN MUESTRARIO DE LETRAS. POR EJEMPLO, PUEDES ELEGIR UNA PALABRA Y ESCRIBIRLA EN TODOS LOS ESTILOS QUE PUEDAS. ES LO QUE SE HA HECHO EN LA SIGUIENTE PÁGINA, PERO CON EL TOQUE DIVERTIDO DE ESCRIBIRLA ADEMÁS EN VARIOS IDIOMAS.

create
JOKOLQV
ERSTELLEN
Créer
CREER
erstellen
Looma
BÚA
CREATE
CRIO
LUODA
create
·YARATISH·
CREATE
Krijoj
CREARE
CREATE
CREATE
CREU
SORTU
LUMIKHA
erstellen
CHRUTHÚ
UKUDALA
créer
SORTU
CREATE
KUJENGA
IZVEIDOT
create
CRÉER
CREU
WAIHANGA
KRIJOJ
CREËREN
CREATE
Creu
SORTU
CHRUTHU
CREAR
CREATE
create
STWÓRZ
SKABE
teremt
CRÉER
CREATE
UKUDALA
KREYE
CREATE
TEREMT
CREATE

CALIGRAFÍA

La caligrafía cursiva, o de letra ligada, se creó para escribir con más rapidez y eficacia. Este estilo tiene su origen en la Edad Media, pero vivió su apogeo en los siglos XVIII y XIX. El estilo caligráfico cursivo se caracteriza por el contraste entre trazos gruesos y finos que produce la punta aguda de una plumilla o cálamo. Las letras están conectadas entre sí por un trazo de unión, o ligadura, lo que da una sensación de fluidez a las palabras.

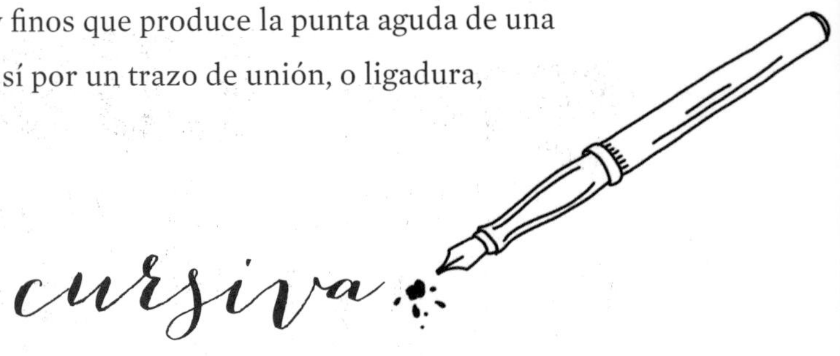

Cuando uses un instrumento de caligrafía para escribir letra cursiva, recuerda que para crear los trazos más gruesos debes tirar de la plumilla hacia ti con suavidad, y para crear los más finos debes empujarla ligeramente hacia arriba por la página. Puede ser conveniente que practiques esos trazos finos y gruesos en una hoja aparte antes de ponerte a caligrafiar. Prueba la sencilla técnica que mostramos a continuación para crear ese mismo efecto caligráfico, pero con un útil de escritura corriente.

Empieza escribiendo el texto en letra ligada normal.

Añade líneas adicionales en las zonas donde van los trazos descendentes gruesos.

Rellena los trazos gruesos.

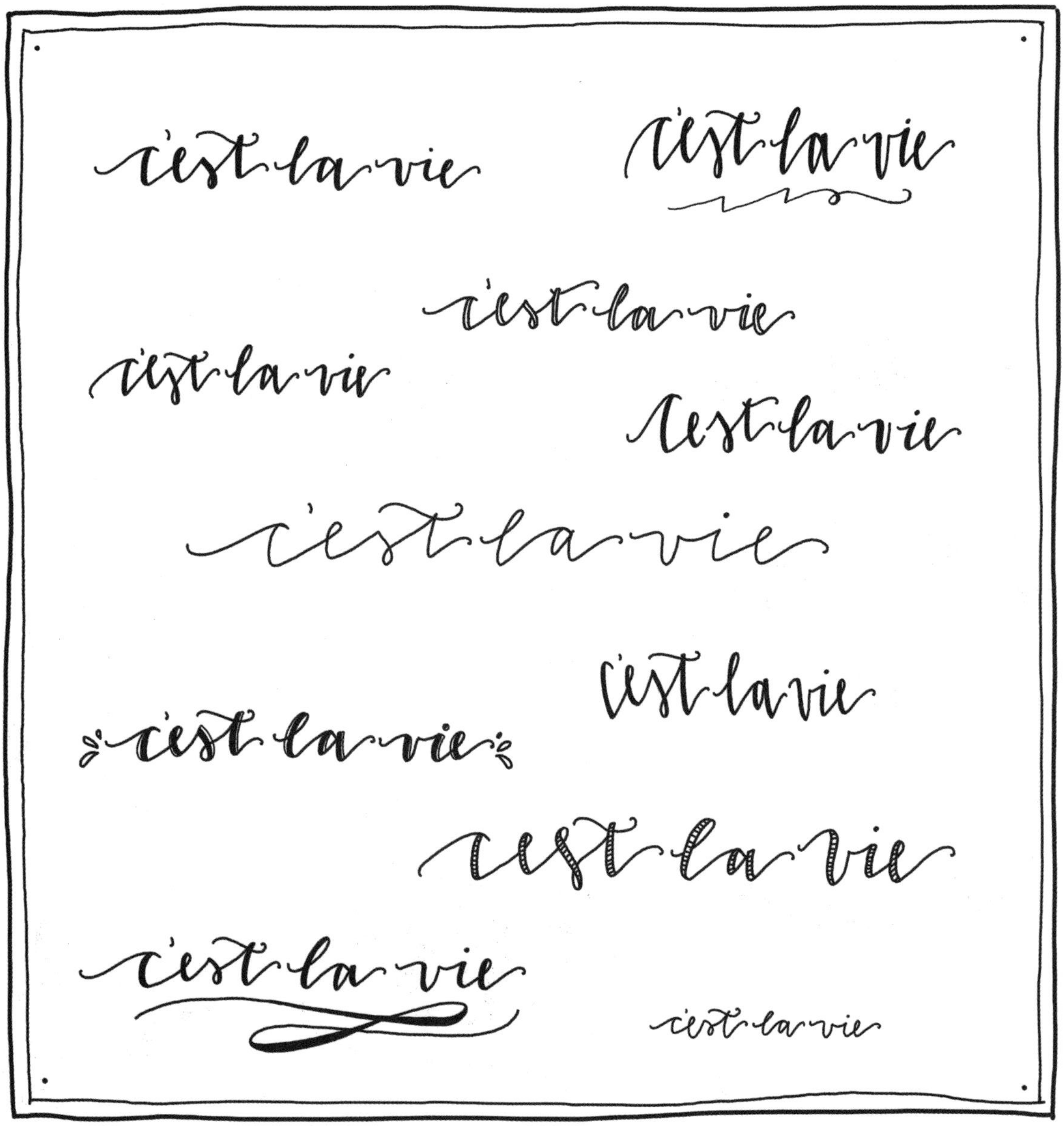

Hay muchos tipos de escritura cursiva y ese es uno de los motivos por los que sigue siendo en la actualidad un estilo caligráfico muy popular. Practica los diversos estilos de esta técnica de lettering para dar con el que más te guste.

FLORITURAS

Las florituras son un recurso permanente en toda la historia de la caligrafía. Cada periodo y cada estilo caligráfico tiene sus florituras distintivas. Hay una serie de reglas específicas para hacer florituras caligráficas tradicionales, cuyo dominio exige paciencia y práctica. No obstante, las florituras en la actualidad no están sujetas a reglas específicas y tienen más que ver con el gusto y el sentido estético de cada uno.

Aquí tienes unos cuantos ejemplos de florituras y ornamentos sencillos que puedes añadir a tus piezas de lettering para darles un toque de belleza y desenfado.

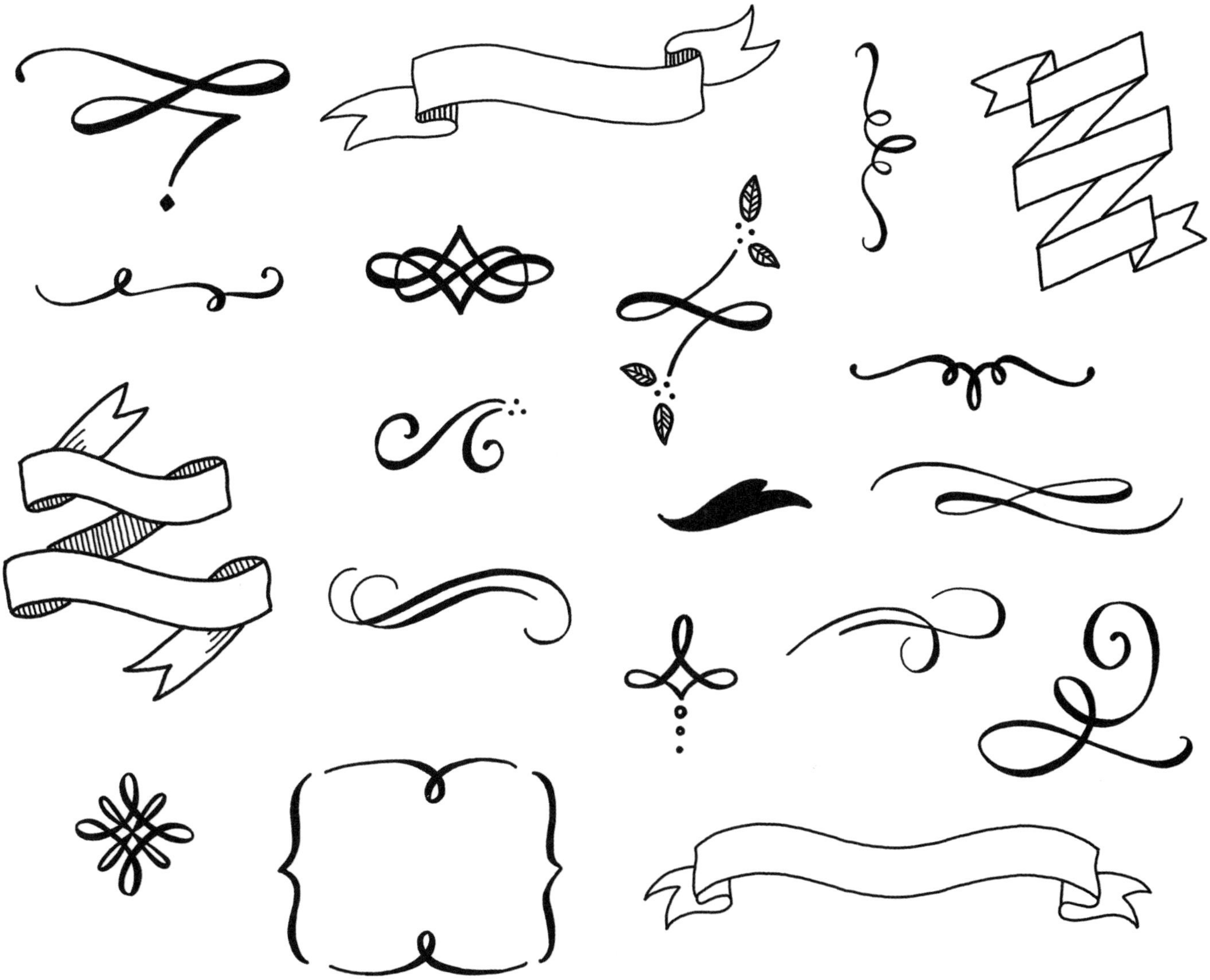

Estos son los sencillos pasos que componen el proceso de creación de una floritura o un adorno verdaderamente hermosos. Una vez que hayas practicado estas formas básicas, podrás lanzarte a crear muchas más bonitas ornamentaciones de tu propia cosecha.

TÉCNICAS EN 3D

Las técnicas tridimensionales de lettering sirven para dar impresión de profundidad, altura y anchura a letras bidimensionales. Es un método que vale la pena dominar y que puede brindarles personalidad y magnitud a tus obras. Contribuye a que resalten visualmente tanto en papel como en pantalla. Las actuales técnicas digitales permiten crear lettering en 3D, pero es muy satisfactorio y útil ser capaz de perfeccionar la técnica a mano. Con algo de práctica, te sorprenderá la cantidad de maneras con las que puedes incorporar un efecto de volumen a tus trabajos de lettering. Esta técnica es muy versátil y se puede aplicar a cualquier estilo de rotulación. Aquí tienes unas cuantas maneras de lograr ese efecto tridimensional en letras con serifa, de palo seco y de fantasía.

Esta letra recuerda al relieve de los antiguos tipos de plomo para impresión

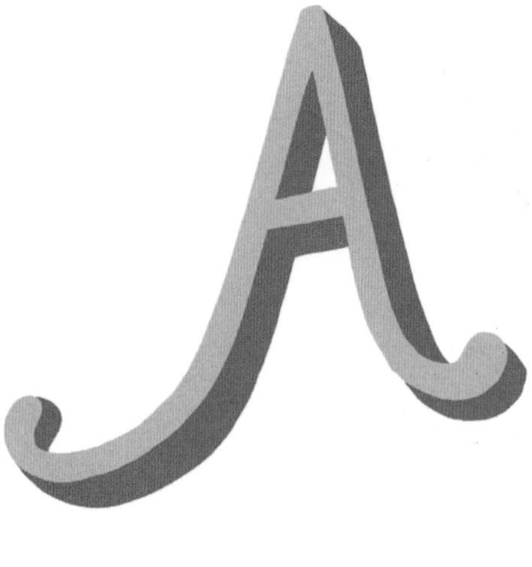

Este es un ejemplo de letra con serifas; fíjate en que la luz incide desde detrás de la letra

El rayado da
un efecto
de sombreado

Cuando se entrelazan letras en 3D
conviene hacer antes un boceto a lápiz
y trabajar en los trazos cruzados para
que queden naturales

Aquí tienes un tutorial que te ayudará a empezar a crear tus rotulaciones en 3D. Vale la pena que lo pruebes.

PASO 1

Empieza por esbozar las letras. Yo he optado por una familia manuscrita de fantasía, para darle un toque moderno a un estilo caligráfico más tradicional.

PASO 2

Dibuja un contorno de tipo globo alrededor de las letras y rellénalo con un color neutro. Puedes usar cualquier técnica y material de coloreado, desde lápices de colores o rotuladores hasta pintura o tinta.

PASO 3

Decide desde qué dirección incidirá la luz sobre las letras. Dibuja trazos paralelos en las letras por el lado que queda opuesto a la fuente de luz que has imaginado. Rellena esas partes con un tono más oscuro.

PASO 4

Añade un poco de rayado en blanco sobre las curvas del sombreado para darles más sensación de volumen.

PASO 5

Una vez terminado el sombreado, puedes añadir otros adornos y florituras si quieres. En este caso, de temática musical.

LETRAS ILUMINADAS

El término *iluminar* significa “dar luz”. De ahí que la expresión “letras iluminadas” se emplease originalmente para designar la ornamentación con pan de oro de las letras capitulares en los manuscritos medievales, que hacía que las páginas reflejasen la luz y resplandeciesen.

Por ese motivo se sigue denominando así a las ilustraciones y ornamentos que se dibujan en las letras y alrededor de ellas. En la Edad Media, cuando gran parte de la gente era analfabeta, esas iluminaciones daban vida a las historias. En las interpretaciones actuales, los artistas usan las letras iluminadas para exhibir su talento como ilustradores.

Dales un vistazo a estos ejemplos de letras iluminadas y luego pasa a la página 46 para seguir las sencillas instrucciones y técnicas que te permitirán crear las tuyas propias.

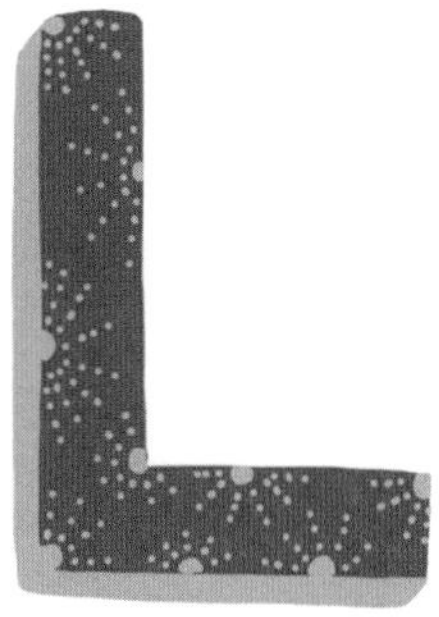

TRUCO DE ARTISTA

UNA MANERA EXCELENTE DE INICIARSE EN LA ILUMINACIÓN DE LETRAS ES ESCOGER TU LETRA FAVORITA Y UN DISEÑO O MOTIVO, Y PRACTICAR LA COMBINACIÓN DE DIVERSAS ILUSTRACIONES CON UNA SOLA LETRA PARA DARLE UN AIRE COMPLETAMENTE NUEVO.

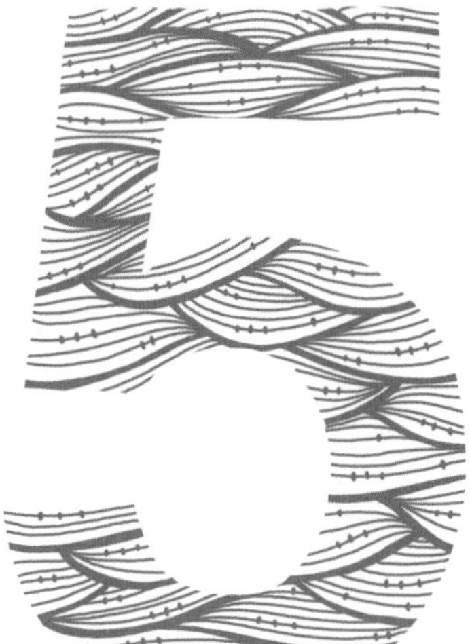

ANIMALES

Sigue estas sencillas instrucciones paso a paso para crear una engalanada letra iluminada. Este tipo de iluminación es perfecta para personalizar cartas y sobres, para decorar una habitación infantil o incluso para una oficina doméstica.

PASO 1

Dibuja con trazos suaves de lápiz el contorno de la letra. Luego esboza el animal que hayas elegido. Yo he optado por un precioso cervatillo dormido.

PASO 2

Rellena la figura del animal con un color de base. Para el cervatillo he usado un tono marrón claro.

PASO 3

Empieza a sombrear el animal y borra los trazos de lápiz. Luego usa un rotulador blanco opaco para añadirle algunas líneas de contorno y otros detalles de acabado.

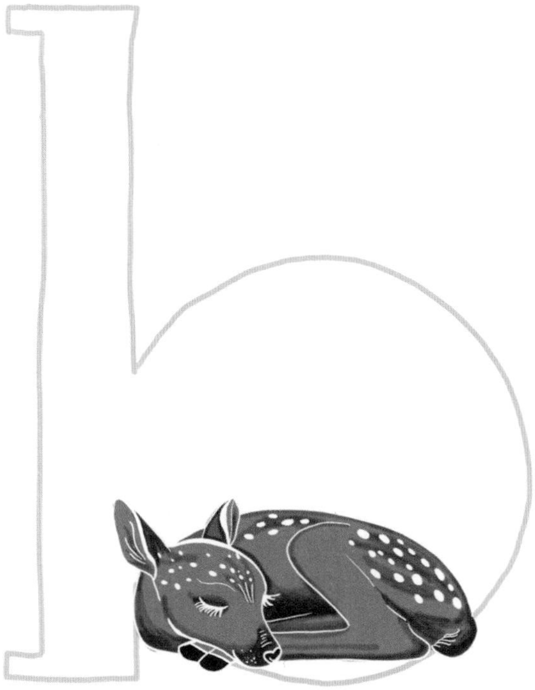

PASO 4

Ahora dibuja los adornos y los detalles del resto de la letra iluminada. En este caso he optado por ornamentarla con un árbol y elementos florales. Usa un rotulador de punta fina para contornear el dibujo y añadir los detalles. Cuando hayas acabado, borra los trazos de lápiz.

PASO 5

Añádele color y sombreado al fondo. Yo he rellenado la panza de la letra *b* con un azul neblinoso y le he dado un tono verde al follaje sobre el que reposa el cervatillo. También he puesto algo de sombreado en gris a lo largo del fuste de la letra.

PASO 6

Añade toques de color y sombras adicionales para terminar la iluminación.

PASO 7

Si quieres, puedes añadirle algún elemento de rotulación o unas cintas con texto, como he hecho aquí.

AVES

Las aves son un motivo habitual en la iluminación de letras. En este tutorial aprenderás paso a paso a iluminar la letra *P* con un pavo real. Sigue las instrucciones y luego prueba a hacer tú una versión. ¿Qué tal un loro o un periquito, una letra *C* con una codorniz o una letra *G* con un gallo?

PASO 1

Primero dibuja la letra con trazos suaves. Yo le he añadido unos cuantos elementos sencillos al diseño, que imitan la forma de las plumas del pavo real.

PASO 2

Piensa cómo quieres que encaje el ave en la forma de la letra. Si hace falta, prueba a hacer un par de variaciones en otro papel. Dibuja el ave y borra cualquier trazo que quede superpuesto.

PASO 3

Añade todos los detalles adicionales y encuadra la letra en un marco.

PASO 4

Repasa el diseño con un rotulador metálico de punta fina y borra todas las marcas de lápiz.

PASO 5

Aplícale color y unas florituras elegantes para terminar la iluminación de la letra.

FLORES

Puedes usar hermosas flores para conseguir efectos increíbles de lettering ilustrado.

PASO 1

Dibuja con trazos suaves el contorno de la letra.

PASO 2

Empieza a dibujar las ilustraciones. Yo, cuando dibujo plantas, suelo comenzar por la parte inferior y voy subiendo, ya que es así como crecen. Ve borrando y redibujando sobre la marcha.

PASO 3

Añade todos los elementos que quieras para rellenar la letra, como cintas u otros motivos florales. Una vez terminadas las ilustraciones, repasa sus contornos con tinta. A mí me gusta entintar primero los contornos y añadir al final los detalles y el sombreado.

PASO 4

Dibuja los últimos detalles para completar el diseño, como las nervaduras de las hojas.

PASO 5

Sigue añadiendo detalles y sombreado para darles volumen a tus flores. Rellena cualquier zona vacía para que quede bien definida la silueta de la letra.

PASO 6

Cuando te satisfaga el resultado, borra los trazos de lápiz.

PASO 7

Una vez eliminado el lápiz, comprueba que en tu ilustración no queden espacios vacíos. Yo he añadido una serie de puntitos en los blancos que contornean la letra para añadirle interés visual y movimiento.

Objetos

Puedes usar prácticamente cualquier cosa para crear una letra iluminada. Hasta los objetos más cotidianos pueden darle interés.

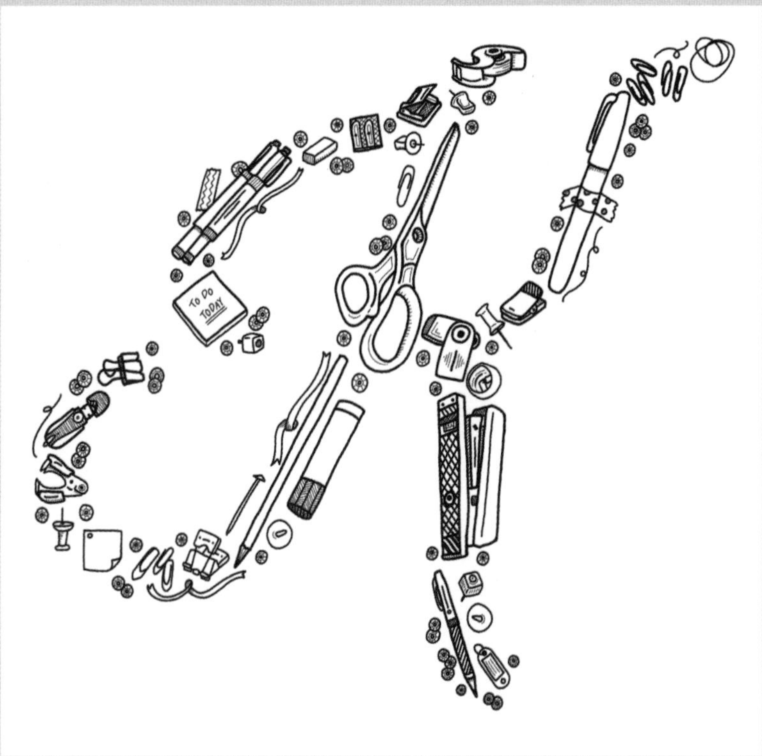

Presta atención a cómo rellena el espacio tu diseño, para asegurarte de cubrir toda la superficie que ocupa la letra a la vez que esta queda bien definida.

Esta versión moderna de una letra iluminada es una muestra de cómo se pueden inspirar hoy los artistas en técnicas y estilos de rotulación diversos.

LETTERING CON TIZA

La tiza es un material de dibujo versátil y divertido de usar, que no exige demasiada técnica ni experiencia. Puedes usar diversos útiles, como barras de tiza, rotuladores de efecto tiza y pasteles secos. En este proyecto hemos empleado estos últimos.

MATERIALES

- Pizarra
- Pasteles secos
- Agua
- Trapo
- Bastoncillos de algodón

Empieza haciendo un simple dibujo de la letra o las letras.

Para conseguir una textura más lisa y uniforme, pasa el dedo por la tiza.

Puedes limpiar los bordes de la letra con un trapo húmedo.

Para que las letras destaquen de verdad sobre la pizarra, repasa sus contornos con un pastel seco de color negro. De lejos no se apreciará, pero te garantiza un bonito contraste.

Para añadirles ornamentos a las letras, usa un bastoncillo de algodón húmedo para crear dibujos en hueco en el interior de la letra.

LETTERING EN NEGATIVO

El espacio negativo es la zona en blanco que queda alrededor y dentro del motivo dibujado. Para crear una buena obra de lettering en negativo, no tienes más que formar la letra o frase a base de dibujos que, en lugar de dar forma a los trazos de las letras, las rodeen para que sea el espacio en blanco lo que les dé forma.

PASO 1

Dibuja los contornos de la letra o letras. Estos contornos te ayudarán a posicionar las ilustraciones, de modo que queden unos bordes nítidos.

PASO 2

Empieza a dibujar los elementos de la ilustración. Yo he empleado un estilo de dibujo a base de motivos repetidos y he usado un lápiz de mina oscura (más blanda) para lograr mayor contraste.

PASO 3

Rellena toda el área que ocupa el diseño con los motivos o ilustraciones que más te gusten. Cuando te satisfaga el resultado, entíntalo y borra todos los trazos que has hecho a lápiz. El lettering en negativo es una estupenda manera de conseguir diseños de gran efecto.

LETRAS DENTRO DE FORMAS

Rotular a mano alzada puede dar lugar a diseños preciosos, pero es verdad que puede resultar intimidante cuando empiezas o si tienes en mente ejecutar un diseño especialmente complejo. Una buena manera de practicar consiste en dibujar textos dentro de formas. Eso te proporciona un marco o armazón donde ubicar las letras.

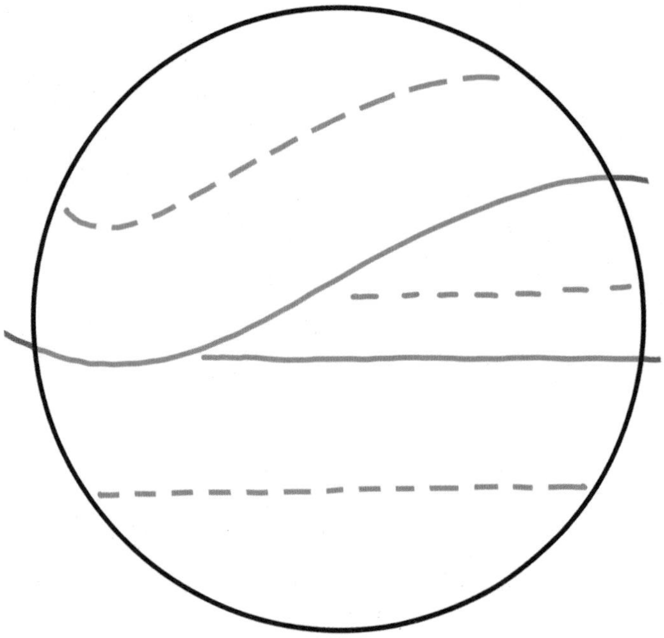

PASO 1

Empieza bocetando la forma básica que quieres que adopten tus letras, como un círculo, y marca a lápiz las áreas que ocupará cada palabra. Añade líneas de guía de la altura de la X, que determinarán si las letras deben quedar rectas, curvadas o diagonales.

PASO 2

Dibuja las letras. Asegúrate de que todas las letras que rotulas se ciñen a la altura de la X.

PASO 3

Entinta las letras y añádeles cualquier detalle que te interese.

PASO 4

Borra todas las guías y los trazos de lápiz. Y ya lo tienes.
Esta versión la hice a base de tonos verde azulado y turquesa.

DIGITALIZAR EL LETTERING

No hay nada que pueda superar a la sensación de desarrollar tu técnica manualmente, a la manera tradicional, con un papel y un rotulador; pero en el mundo moderno de hoy existen también muchas aplicaciones para rotular por medios digitales. Muchos artistas del lettering usan tabletas gráficas para crear sus rotulaciones digitales, pero una opción más asequible consiste en fotografiar o escanear el trabajo original. Puedes aplicar tus trabajos de lettering a un sinfín de proyectos interesantes, como tatuajes temporales, estampación de tela, papelería personalizada y muchas cosas más.

Para empezar, necesitarás tener esto a mano: tu original, una cámara, un papel blanco de 23 × 35 cm, papel de seda blanco, una caja de cartón, un cúter, lámparas o focos, un trípode y un ordenador.

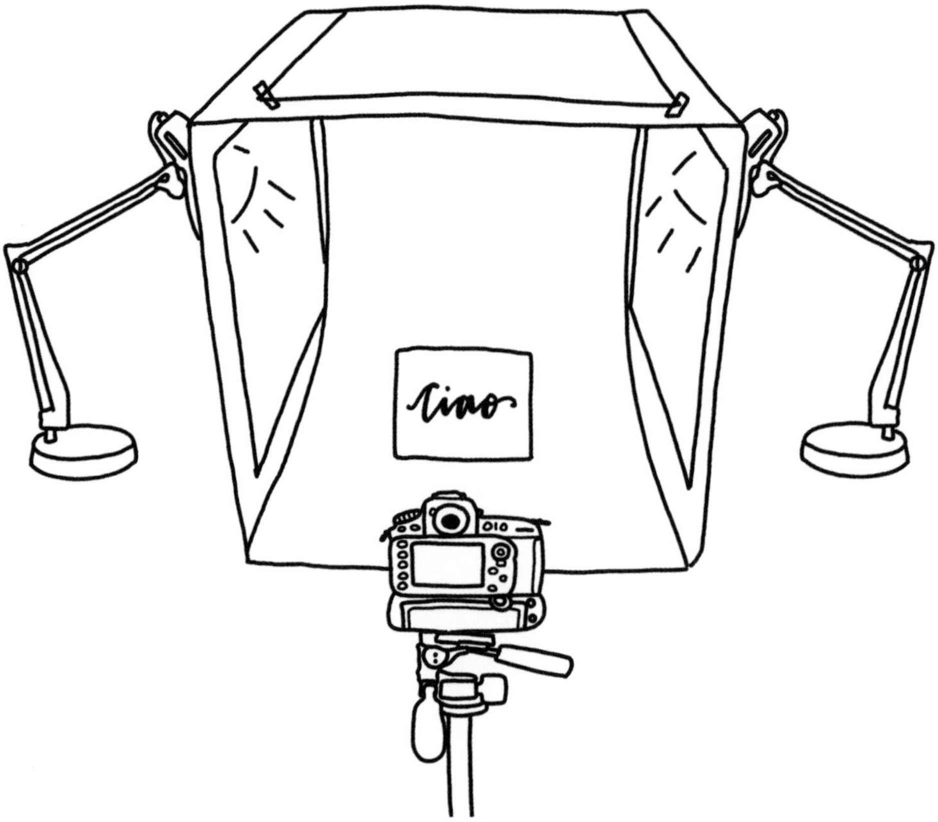

PASO 1

Antes de fotografiar tu trabajo de lettering tienes que crear las condiciones adecuadas. La mejor manera de crearlas es hacerte una caja de luz, para lo cual solo necesitas una caja de cartón. Recorta entero uno de los lados de la caja con un cúter. Luego recorta tres grandes rectángulos, uno a cada lado y otro en la parte superior de la caja. Fija con cinta adhesiva un trozo de papel de seda por el exterior a cada una de esas tres ventanas rectangulares, cuidando de que la cinta quede por fuera del rectángulo recortado. Pega con cinta una hoja de papel blanco de 23 × 35 cm en el interior de la caja, de modo que haga de fondo y de suelo. Ya puedes colocar las luces. La mejor opción son las lámparas de tipo flexo. Pon una a cada lado de la caja para que iluminen a través de las ventanas forradas de papel de seda. Si tienes una tercera lámpara, puedes colocarla para que ilumine también por la parte superior. Coloca la cámara en un trípode frente a la caja, y ya lo tienes todo listo para fotografiar tus trabajos.

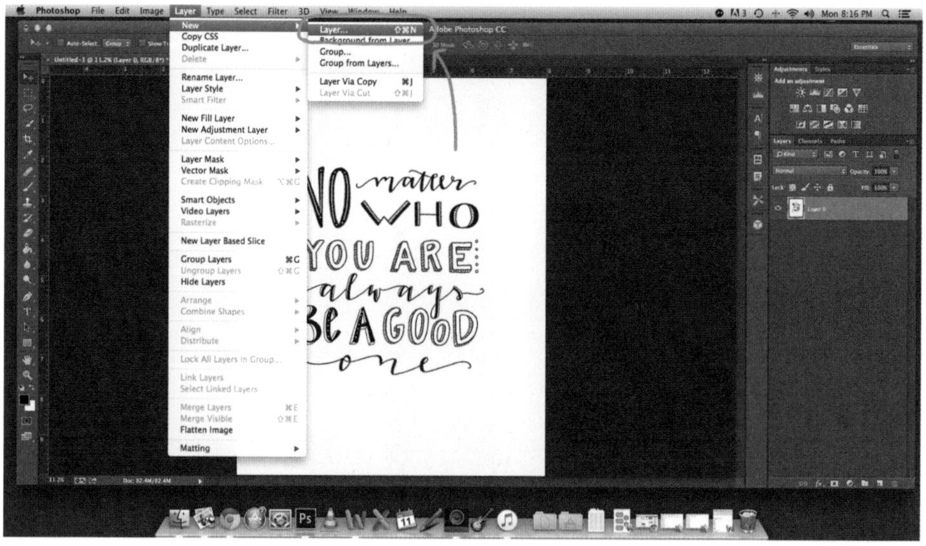

PASO 2

Descarga la foto en el ordenador y ábrela en Photoshop® o cualquier otro programa de edición de imágenes. En la barra de menús, selecciona el menú "Capa", haz clic en "Nueva" y selecciona "Capa". Aparecerá un cuadro de diálogo de nueva capa; dale a OK.

PASO 3

Coloca la nueva capa en blanco debajo de la capa que contiene la imagen fotografiada.

PASO 4

Asegúrate de tener seleccionada la capa que contiene la imagen. Luego ve al menú "Selección" y haz clic en "Gama de colores".

PASO 5

El cursor adoptará la forma de un cuentagotas; selecciona el color del fondo haciendo clic con él en cualquier parte del fondo. Luego puedes experimentar con la cantidad de píxeles que se seleccionan moviendo el deslizador de "Tolerancia"; esta opción te ayuda a dar con el número de píxeles que más te interesan.

PASO 6

Cuando hayas dado a OK, tu pantalla tendrá este aspecto y te mostrará que está seleccionado el color del fondo.

PASO 7

Presiona la tecla de borrado del teclado y verás que el color del fondo desaparece. Ahora vuelve a hacer clic en el menú "Selección" y escoge "Deseleccionar".

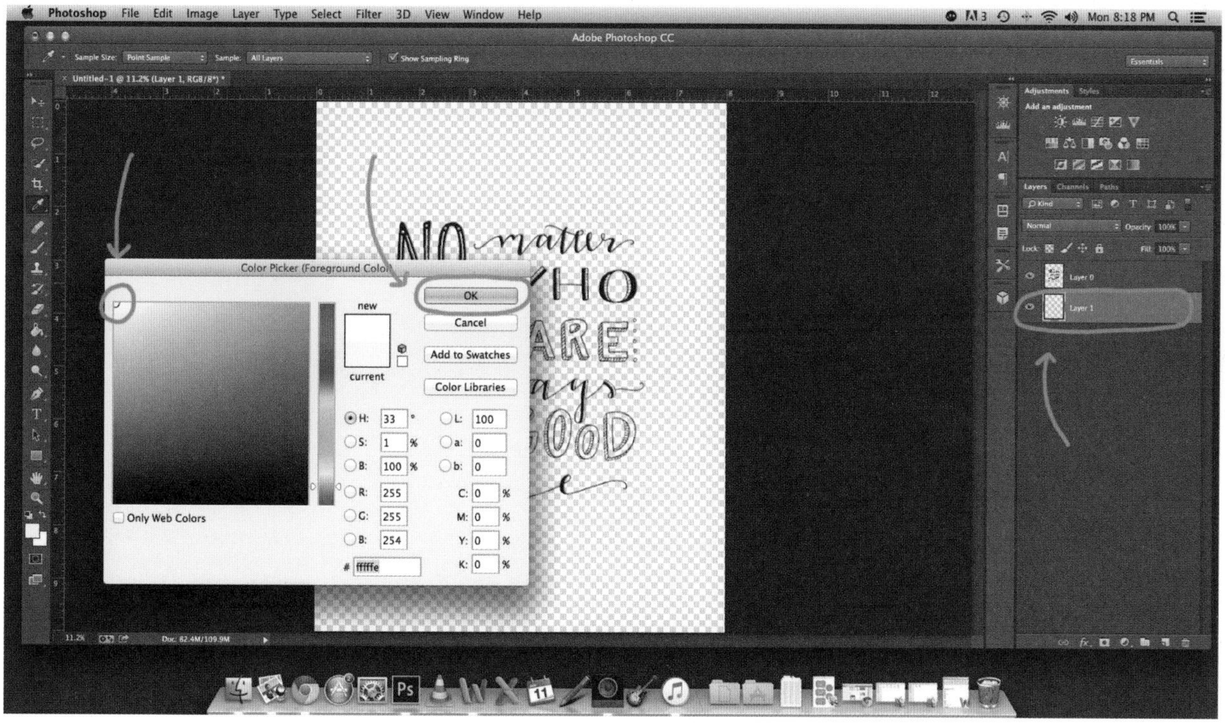

PASO 8

Si quieres ponerle un color al fondo para ver cómo ha quedado tu trabajo, selecciona la capa inferior. Luego haz clic en la herramienta "Selector de color", que está en la parte inferior de la barra de herramientas. Cuando aparezca el cuadro de diálogo, selecciona un color y dale a OK.

PASO 9

Selecciona la herramienta "Bote de pintura" y haz clic con ella en cualquier parte de la capa en blanco para rellenarla del nuevo color de fondo. Yo aquí he usado el blanco, por ejemplo.

PASO 10

Puedes recortar tu trabajo, si deseas hacerlo, seleccionando la herramienta "Recortar" y luego manipulando los bordes del marco de recorte para reencuadrarla a tu antojo. Para recortar la imagen, haz doble clic en el marco de recorte.

PASO 11

Si te gusta cómo ha quedado, haz clic en el menú "Archivo" de la barra superior y selecciona "Guardar".

PASO 12

Si quieres colocar tu imagen sobre otro fondo, no tienes más que volver a seleccionar la capa inferior y hacer clic en el icono del ojo que aparece a la izquierda. De ese modo, la capa quedará invisible. Vuelve a guardar la imagen.

PASO 13

Para colocarle otro fondo a tu imagen solo tienes que abrir el fondo deseado en Photoshop y luego arrastrar y soltar sobre ese nuevo fondo el archivo que contiene tu imagen fotografiada. La ventana del programa adoptará esta apariencia. Puedes cambiar el tamaño de tu original usando los manejadores de las esquinas de la caja que contiene la imagen colocada.

PASO 14

Cuando te satisfaga el resultado, haz doble clic en la caja para posicionar la imagen sobre el fondo.
Guarda tu archivo.

PASO 15

Ahora ya tienes tu imagen lista para publicarla en la red, imprimirla o usarla en cualquier otro proyecto digital. ¡Disfruta!

LETTERING CON TÉCNICAS ALTERNATIVAS

Una de las cosas maravillosas que tiene el lettering es la ingente variedad de materiales que se pueden usar para crear bellas palabras. Además de con los tradicionales lápices y plumillas, puedes elaborar rotulaciones artísticas con pintura, rotuladores de fieltro y de punta de pincel, y hasta con materiales aprovechados.

Cuando trabajes por primera vez con determinada técnica o material, asegúrate de hacer un calentamiento previo y practicar hasta familiarizarte con sus matices y características propias. Por ejemplo, la pintura a la acuarela es una técnica maravillosa para crear bonitas rotulaciones. Además, es una técnica a base de agua, lo que impide controlar por completo el flujo de la pintura... Pero no pasa nada. Con un poco de práctica previa descubrirás que las estupendas cualidades de la acuarela pueden conferirles a tus trabajos de lettering un aire etéreo y orgánico.

Si pruebas una técnica o material y no te gusta, pasa página y explora otras cosas. Te animamos a que lo pruebes todo, porque nunca sabes de qué puedes enamorarte. Aprender cualquier nueva técnica puede suponer un reto, pero si no lo disfrutas o te produce frustración, no pasa nada por pasar a otra cosa que sí te haga disfrutar. Una vez que domines otras técnicas, es posible que incluso vuelvas a probar determinadas herramientas o materiales que no te gustaron la primera vez que los empleaste. Ese es el viaje en el que nos embarcamos los artistas: siempre cambiando, creciendo y mejorando en nuestra manera de trabajar, nuestras habilidades y nuestro arte.

OTRAS TÉCNICAS

¿BUSCAS OTRAS FUENTES DE INSPIRACIÓN PARA TU LETTERING? CONSULTA MÁS CONTENIDOS EN HTTPS://GGILI.COM/MATERIAL-PLACER-LETTERING Y ENCONTRARÁS TRUCOS, CONSEJOS Y EJERCICIOS PASO A PASO DE OTRAS TÉCNICAS ALTERNATIVAS, COMO EL BORDADO, EL TERMORRELIEVE Y LOS ROTULADORES DE PINTURA.

Dales un vistazo a las divertidas y creativas maneras de rotular con técnicas alternativas que proponemos en este capítulo. Aunque carezcas de experiencia a la hora de trabajar con estos materiales, verás que eres capaz de crear preciosas obras de lettering si empiezas por lo básico y vas adquiriendo práctica.

Rotulación a pincel

Papel recortado

Acuarela y gouache

Metalizados

Material recuperado

ROTULACIÓN A PINCEL

La rotulación a pincel es un clásico de siempre. Es muy apreciada en el diseño actual por sus cualidades únicas y expresivas. Se puede usar la rotulación a pincel para crear elegantes letras juntas o vistosos textos en mayúsculas.

Nuestros dos pinceles favoritos son un rotulador de punta de pincel blanda y un pincel de agua recargable. Existen muchos tipos de rotuladores de punta de pincel, por lo que te recomendamos que pruebes todos los que puedas hasta que encuentres el que mejor se adapta a tu estilo.

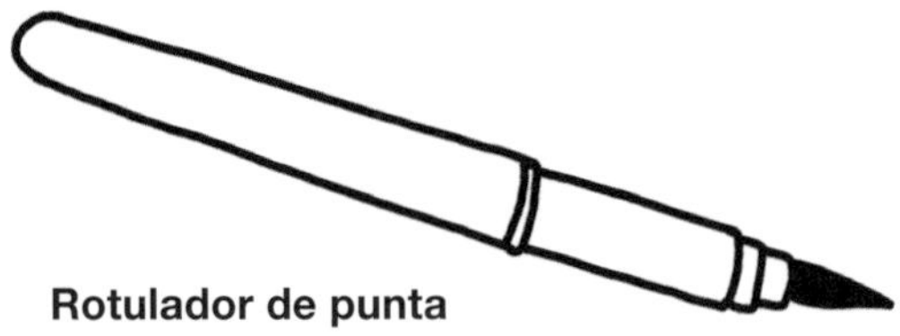

Rotulador de punta de pincel blanda

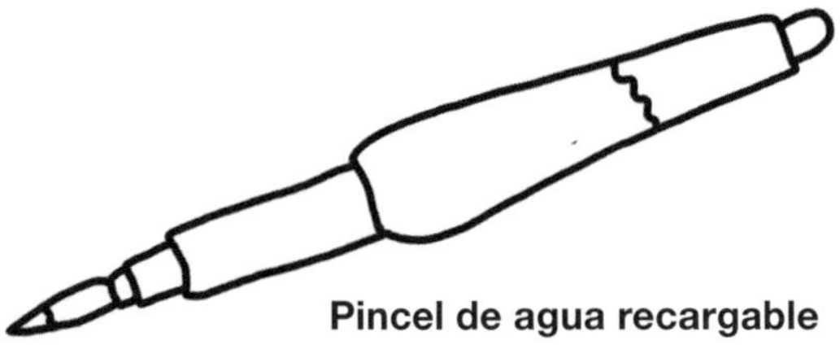

Pincel de agua recargable

Empieza practicando el dibujo de unas cuantas letras distintas. Rotular a pincel puede dar lugar a textos muy fluidos y gestuales, pero también grandes y macizos. Gran parte de la gracia de rotular a pincel consiste en escoger la personalidad que quieres darles a tus letras. Aquí tienes unos cuantos ejemplos:

El quid de la cuestión está en la práctica. A medida que vayas adquiriendo más confianza con el pincel en la mano, podrás empezar a desarrollar tu estilo propio. Una manera excelente de hacerlo es dibujar alfabetos completos de muestra.

Uno de los consejos más importantes que hay que recordar es practicar los trazos con la muñeca suelta. El arte de esta técnica está en dejar que el brazo fluya, y eso se refleja después en las palabras que dibujas.

Es de especial importancia entender cómo fluyen los trazos en este tipo de letras. Sigue las líneas marcadas por flechas en este ejemplo, para ver cómo y en qué orden fluyen los trazos

La rotulación a pincel se presta muy bien a escribir con caligrafía cursiva, ya que permite jugar con ligaduras y le aporta dramatismo al texto por el contraste de espesor entre los trazos finos y los gruesos

LETTERING EN PAPEL RECORTADO

El papel recortado a mano es una hermosa modalidad artística cuyos orígenes se remontan al siglo VI. Desde entonces lo han adaptado culturas de todo el mundo para crear bellas aplicaciones y estilos propios. Puede que el papel recortado sea una forma de arte muy antigua, pero también es un arte versátil que goza actualmente de gran popularidad. El papel recortado actual ha experimentado un resurgir entre creadores y artesanos, así como entre los diseñadores corporativos.

Este hermoso proyecto te muestra unos cuantos fundamentos del papel recortado. Se ha ilustrado la palabra *Merci*, que significa "gracias" en francés, a base de una letra cursiva con ornamentos florales que se conectan con el espacio positivo. El espacio negativo es la parte recortada, junto con algunos de los elementos florales.

MATERIALES

- Lápiz
- Cúter
- Alfombrilla de corte
- Regla
- Cartulina
- Papel corriente

PASO 1

Dibuja tu diseño. Dedica un rato a planificarlo bien para evitar equivocarte al cortar. El espacio blanco interior de letras como la *e* puede desaparecer al recortar, a menos que lo abras o que conectes bien las letras con el espacio positivo. Aquí, este tipo de letra conecta con el diseño del borde, lo que me ha permitido conservar cosas como el ojo de la letra *e* y el punto de la letra *i*. Me gusta rellenar el espacio positivo a lápiz cuando dibujo, para así cerciorarme de cómo quedará el resultado final. Luego lo copio en papel de calco para disponer de un dibujo de contornos limpio y sin trazos a lápiz.

TRUCO DE ARTISTA

EMPIEZA POR PRACTICAR LÍNEAS SENCILLAS Y CORTES CURVILÍNEOS CON EL CÚTER. CUANDO TE HAYAS FAMILIARIZADO CON LA CUCHILLA, DIBUJA UNAS CUANTAS LETRAS PARA PRACTICAR EL RECORTE.

PASO 2

Calca o imprime el diseño en la cartulina que hayas elegido.

TRUCO DE ARTISTA

DIGITALIZA TU DIBUJO PARA PODER HACER CON FACILIDAD VARIAS COPIAS Y TENER LA POSIBILIDAD DE IMPRIMIRLO SOBRE DIVERSOS TIPOS DE PAPEL.

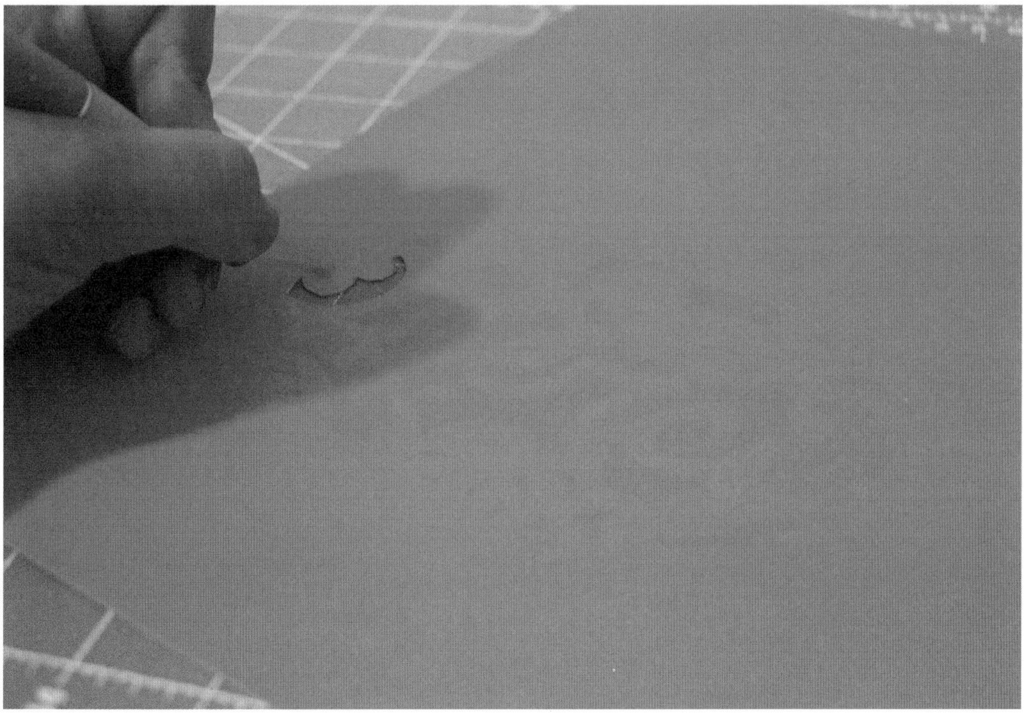

PASO 3

Empieza a horadar las formas de una en una, recortando solo los contornos del dibujo. Aprieta con firmeza el cúter para que atraviese el papel del todo. Puede llevarte algo de tiempo, dependiendo de la complejidad del diseño, pero tómatelo con calma y con cariño.

PASO 4

Cuando tengas recortadas todas las formas, repásalas para pulirlas y añadirles los detalles más finos.

PASO 5

Puedes dejar tu pieza de papel recortado tal cual o añadirle detalles adicionales para que destaque de verdad. Prueba a colocarle papeles de texturas variadas como fondo. Cuando des con una combinación que te guste, dale la vuelta a la pieza y fija con adhesivo el papel por el dorso.

PASO 6

Adhiere la pieza recortada sobre un papel o cartón de soporte y déjala secar. En este caso, la he montado sobre un papel color perla de textura ondulada, que le brinda más interés visual.

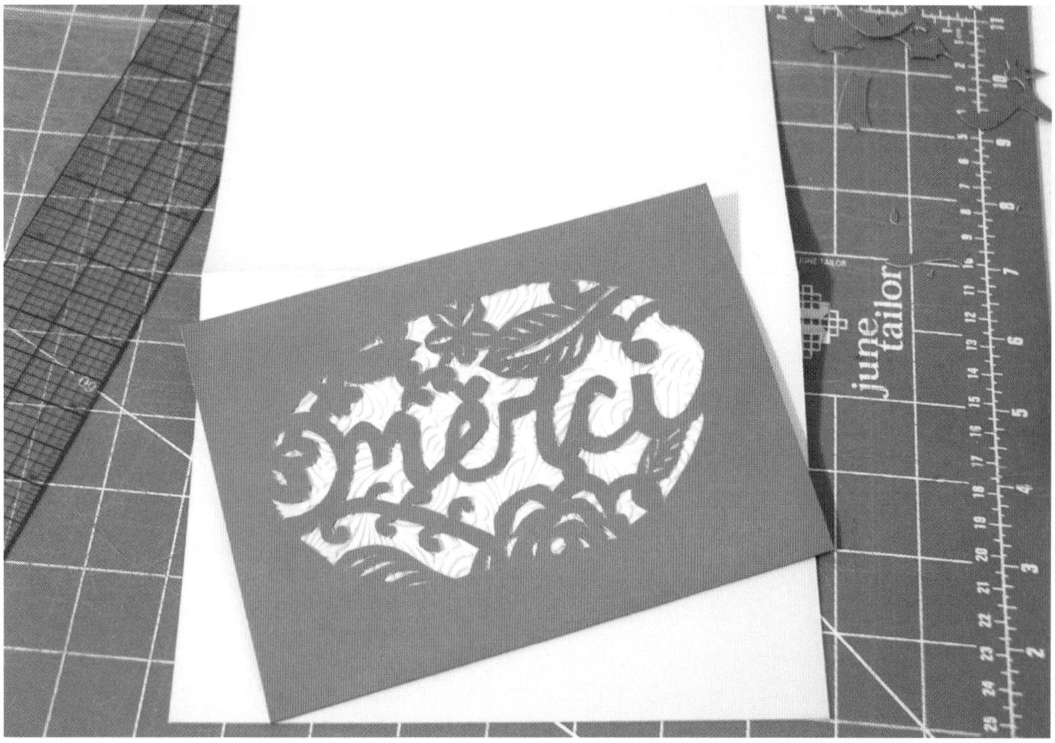

PASO 7

Enmarca tu original o conviértelo en una hermosa tarjeta, como he hecho yo aquí, encolándolo a una cartulina plegada.

ACUARELA Y GOUACHE

Las acuarelas y el gouache son unas pinturas geniales para darles color y un toque único a tus trabajos de lettering. La acuarela es translúcida, mientras que el gouache es opaco. Eso hace que sea interesante pintar con gouache encima de la acuarela, porque permite obtener un efecto estratificado. En este ejemplo he empleado acuarelas. Para poner en práctica esta técnica puedes usar pinceles de acuarela o un pincel de agua.

MATERIALES

- Acuarelas y gouache
- Pinceles
- Papel para acuarela (preferiblemente de entre 300 y 640 g/m^2)
- Lápiz
- Regla
- Tijeras

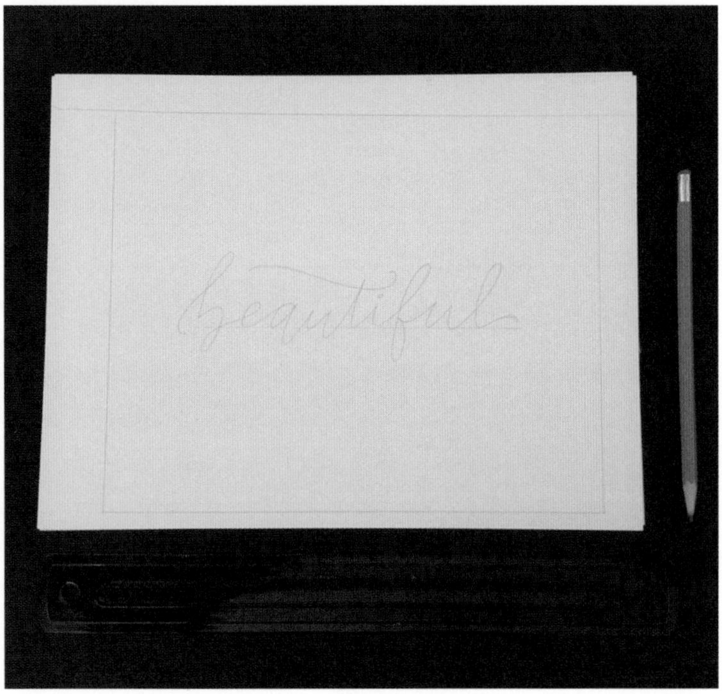

PASO 1

Para empezar, mide y esboza el contorno de tu pieza. La mía es de 20 × 25 cm. Luego calca o dibuja el texto.

PASO 2

Ya lo tienes listo para empezar a pintar. Lo divertido de crear rotulaciones con acuarela es el grado de variedad que se puede conseguir, lo que le dará a tu trabajo una textura magnífica.

PASO 3

Puedes dejar tu texto rotulado tal cual o añadirle ornamentación al diseño. Yo he pintado unos sencillos adornos abstractos.

METALIZADOS

Se pueden encontrar decoraciones metalizadas por todas partes, desde en la decoración de interiores hasta en productos de papelería. Estos acabados llamativos reflejan la luz y logran así que un proyecto de diseño destaque. Existen varias maneras de conseguir un acabado metálico, entre ellas la aplicación de laminado, o foil. Si buscas darles brillo extra a tus trabajos de lettering, prueba alguna de estas técnicas.

APLICAR FOIL DORADO A MANO

La aplicación de elementos dorados a obras originales y diseños es una tendencia en alza. En esta técnica te mostramos cómo añadir detalles dorados de manera fácil y asequible a tus proyectos de lettering. Trabajar con foil dorado puede dar respeto, pero verás que se trata de un método sencillo y divertido. Esta técnica funciona mejor con diseños que no exigen líneas rectas y precisas. Resulta perfecto para añadir toquecitos de brillo y fulgor a diseños de lettering de tipo orgánico.

MATERIALES

- Lápiz
- Rotulador de tinta permanente
- Cola adhesiva de acabado pegajoso
- Pincel de punta fina
- Láminas de foil metálico
- Plegadora de hueso

PASO 1

Dibuja el diseño y rellénalo con tinta.

PASO 2

Con un pincel de punta fina, aplica la cola en aquellos detalles del dibujo que quieres dorar. Asegúrate de cubrir bien toda la zona donde vas a aplicar el dorado. Deja que se seque la cola hasta que quede pegajosa al tacto.

PASO 3

Aplica una lámina de foil dorado sobre la cola y presiona de manera firme y homogénea. Luego frota la superficie con una plegadora de hueso. Verás que la lámina metálica se desprende del soporte de plástico y se adhiere al papel.

PASO 4

Retira con cuidado la lámina de plástico del original.

PASO 5

Repite los pasos dos a cuatro para añadir cualquier detalle dorado adicional.

PASO 6

Si quieres, añade más detalles en dorado y en tinta alrededor del texto rotulado.

PASO 7

Enmarca o cuelga tu obra de lettering dorada a mano. Esta es una manera estupenda de añadirle un toque metálico a prácticamente cualquier proyecto. Puedes ponerles detalles dorados a rótulos de mesa, tarjetas, etiquetas caseras o incluso a tarjetas comerciales. Las aplicaciones de esta técnica son de lo más atractivo y variado.

APLICAR FOIL DORADO CON LAMINADORA

¿Quieres conocer el secreto para crear estupendas obras doradas con foil? Con este método de aplicación de foil se generan unas líneas nítidas, unos gráficos suaves y un hermoso acabado metalizado que parece hecho con impresión profesional. Para esta técnica hacen falta unos cuantos pasos y materiales más que para las anteriores, pero el resultado final hace que merezca la pena el esfuerzo. Crea tus rotulaciones doradas de calidad profesional para invitaciones, materiales impresos, decoración mural y cualquier producto de papel que se te pueda ocurrir.

MATERIALES

- Tu programa de edición de imágenes preferido
- Impresora láser (o lleva tus diseños a imprimir en láser)
- Laminadora térmica (Nota: no te hace falta una laminadora cara; con que se caliente bien y aplique buena presión es suficiente; también puedes invertir en una máquina aplicadora de foil.)
- Hojas de foil metálico para aplicación por calor
- Papel mate A4
- Papel de impresora A4

PASO 1

Diseña y prepara tu dibujo original. Yo he creado este diseño y lo he rotulado a mano con una tableta gráfica Wacom®. Puedes hacer eso mismo, escribir una frase con tu tipo de letra (o fuente tipográfica) preferido o convertir un diseño dibujado a mano en archivo digital (para ello, consulta las páginas 64-71).

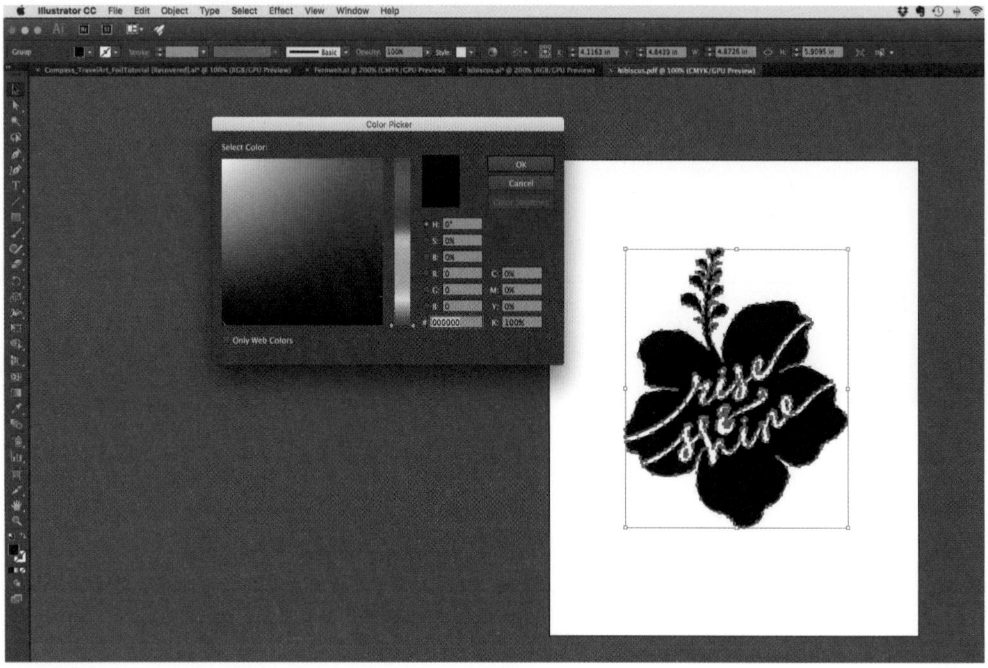

PASO 2

Ajusta el diseño para imprimirlo en color negro plano. El foil se adhiere al tóner, por lo que la impresión tiene que ser en negro cien por cien para que se adhiera correctamente.

PASO 3

Si tienes impresora láser, imprime el diseño en una hoja de papel A4 de gramaje medio. Yo fui a una copistería de mi barrio y les pedí que me lo imprimiesen en láser con tóner negro puro.

TRUCO DE ARTISTA

¿POR QUÉ HAY QUE IMPRIMIR EL ORIGINAL EN UNA IMPRESORA LÁSER? LA IMPRESIÓN LÁSER ES A BASE DE TÓNER. EL FOIL METÁLICO SE ADHIERE AL TÓNER CUANDO SE LE APLICA CALOR Y PRESIÓN. POR DESGRACIA, PARA ESTA TÉCNICA NO FUNCIONA LA IMPRESIÓN EN CHORRO DE TINTA.

PASO 4

Enciende la laminadora, ajústala al máximo de calor y déjala que se caliente. Mientras esperas, coloca una hoja de foil metálico sobre el diseño, recórtala al tamaño que desees y déjala puesta encima de tu dibujo.

PASO 5

Coloca una hoja de papel corriente para impresora encima de la lámina de foil, a fin de sujetarla en su sitio.

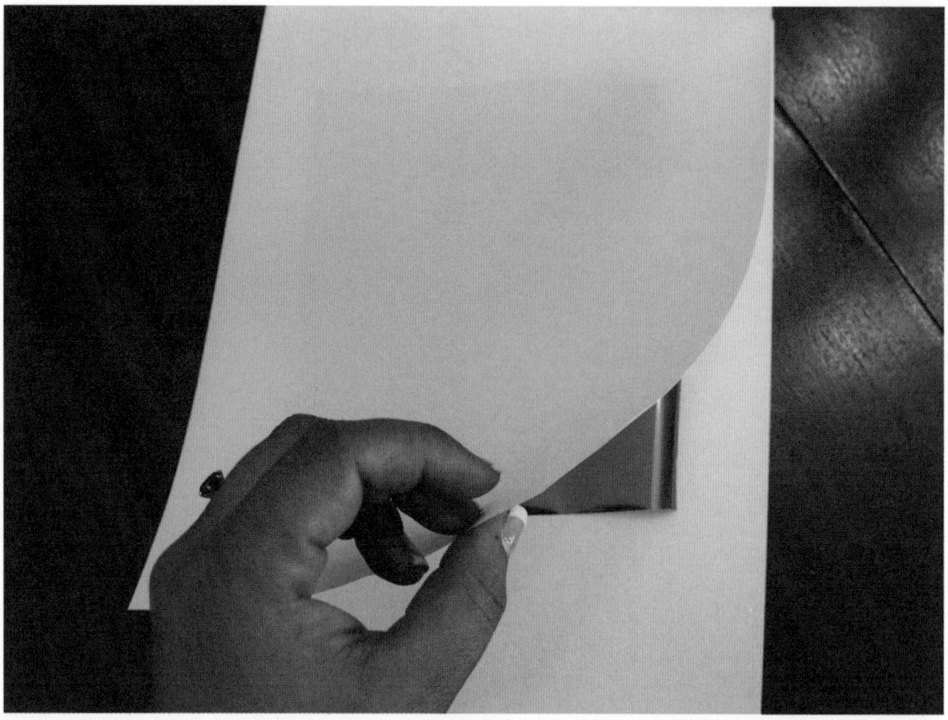

PASO 6

Haz pasar el diseño con el foil y la hoja de papel por la laminadora.

PASO 7

Deja que se enfríe un poco y luego retira con cuidado la lámina metalizada de encima del dibujo. Enmárcalo, cuélgalo de la pared y disfruta de tu creación dorada personalizada.

Resolución de PROBLEMAS

Si el metalizado no queda homogéneo y aparecen muchos puntos negros, prueba a hacer alguno de estos ajustes.

- PUEDE QUE LA LAMINADORA NO ESTÉ SUFICIENTEMENTE CALIENTE. DEJA QUE SE CALIENTE POR LO MENOS 15 MINUTOS. SI LA LAMINADORA ADMITE DISTINTOS AJUSTES, ASEGÚRATE DE CONFIGURARLA A LA MÁXIMA TEMPERATURA.
- ASEGÚRATE DE QUE EL FOIL ESTÁ BIEN PLANO SOBE EL DIBUJO Y QUE NO TENGA ARRUGAS, ANTES DE COLOCAR LA HOJA DE PAPEL ENCIMA Y PASARLO TODO POR LA LAMINADORA.
- ES POSIBLE QUE A TU IMPRESORA SE LE ESTÉ ACABANDO EL TÓNER O QUE NO HAYAS IMPRESO EN NEGRO PLANO. PRUEBA A IMPRIMIR OTRA VEZ EL ORIGINAL.

MATERIALES RECUPERADOS

Hay un sinfín de maneras creativas de crear obras de lettering únicas y hermosas a base de diversos materiales inusitados. Desde alimentos hasta flores, pasando por objetos encontrados, todo vale. Prueba estos métodos para rotular con material recuperado y luego experimenta con otros artículos para ver qué te acaba saliendo.

FLORES FRESCAS

Es fácil rotular a base de flores, que puedes obtener en tu floristería más cercana. Sigue estos pasos para crear un bonito signo *ampersand* (&). Luego puedes probar a hacer tus iniciales o tu número preferido.

MATERIALES

- Soporte de fondo de color liso (como cartón pluma negro)
- Flores frescas
- Tijeras normales o de podar

PASO 1

Empieza a colocar trocitos de flores y plantas para darle forma a tu letra, superponiendo unas flores y hojas a los tallos de las otras para lograr una forma fluida e ininterrumpida.

PASO 2

Sigue construyendo la letra, remetiendo los extremos de los tallos por debajo de las hojas y flores para ocultar la transición entre unas y otras. Eso hará que parezca que las plantas han brotado ahí de manera natural. Para las curvas, alinea plantas y flores más cortas.

PASO 3

Termina el diseño colocando toques florales de colores vistosos y elimina cualquier pieza sobrante del original. Se tratará de una obra de arte de vida muy breve, pero si fotografías tu trabajo y lo imprimes puedes conservar su belleza durante muchos años.

ALIMENTOS

Ahora que ya has trabajado con flores, ha llegado el momento de avanzar un nivel y pasar a los alimentos. En este ejemplo trabajaremos con especias.

MATERIALES

- Soporte de fondo de color liso (como cartón pluma negro)
- Especias
- Bolsitas de plástico herméticas
- Tijeras
- Cúter

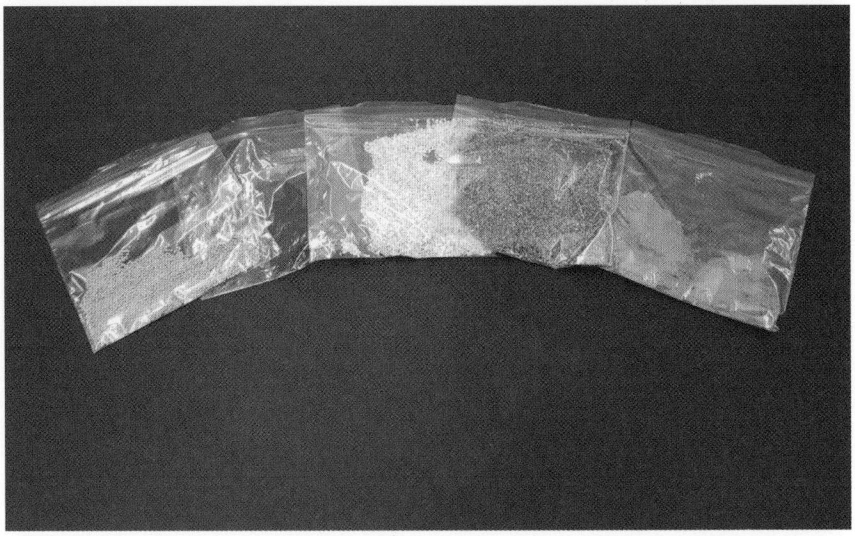

PASO 1

Empieza poniendo las especias en bolsitas transparentes. Yo he optado por especias de colores vivos: granos de mostaza, pimentón, ajo en polvo, mejorana y cúrcuma.

PASO 2

Empieza por cortar una esquina de cada bolsa de plástico, lo que te servirá para dispensar las especias de modo controlado. Distribuye la primera especia a lo largo del contorno de las letras y, con los dedos, comprímela y dale forma para que adopte las formas de los trazos de las letras. Ten en cuenta que se te quedarán los dedos manchados del color de la especia.

PASO 3

Con la punta del dedo o un bastoncillo de algodón, elimina cualquier exceso de especias. Luego añádeles dimensión a tus letras aplicando otra especia en polvo de color contrastado. En este caso, he usado cúrcuma amarilla.

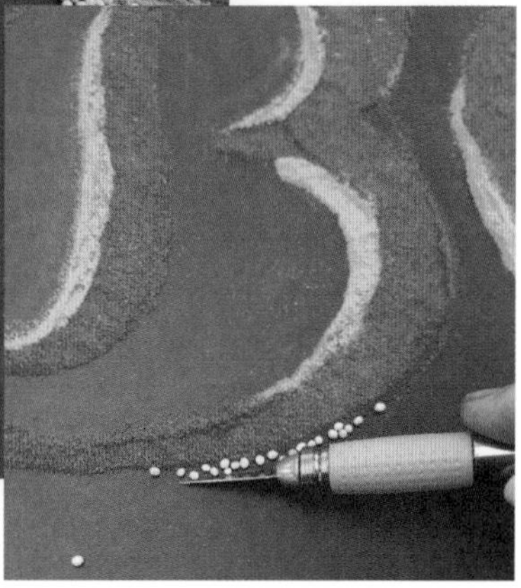

PASO 4

Añade detalles y textura con granos de mostaza. Puedes depositarlos con cuidado sobre las especias directamente desde la bolsa o ayudarte con la cuchilla de un cúter para colocarlos a lo largo de los contornos de las letras.

PASO 5

Termina de rotular del mismo modo el resto de la frase o prueba a usar otras especias que le aporten más textura e interés visual. En este caso he usado ajo en polvo con pimentón para lograr un contraste vistoso en el resto de mis letras. También les he añadido unos granos de mostaza a modo de adorno.

PASO 6

Termina añadiendo los elementos decorativos que desees. Luego fotografía tu composición. Este tipo de proyectos son perfectos para rotular tu recetario casero o para decorar la cubierta de un libro de recetas familiar.

Materiales recuperados

Con objetos reutilizados puedes crear trabajos de lettering originales y de estética contemporánea para cualquier espacio. En esta obra de arte monocromática se han formado las letras a base de cambios sutiles de color, volumen, textura y sombra. Puedes reunir cualquier clase de objetos que prefieras. Yo he optado por una combinación de objetos que contraponen fragilidad a robustez, femenino a masculino, infantil a sofisticado y arte a aviación. Me he inspirado en los sueños infantiles y en la aspiración inherente al ser humano de explorar los cielos.

CONSULTA EL TUTORIAL PASO A PASO DE ESTE PROYECTO EN HTTPS://GGILI.COM/MATERIAL-PLACER-LETTERING

SOPORTES Y PROYECTOS DE LETTERING

Una vez que hayas emprendido tu viaje por el lettering y la tipografía, verás que no hay límites en la manera de usar esta modalidad artística tan innovadora y personal para crear un sinfín de obras de arte, regalos, objetos de decoración y artículos de papelería. Puedes darle casi cualquier salida a tu habilidad con la rotulación, creando desde logotipos y papelería comercial personalizada hasta obras murales y tipos de letra personalizadas.

En este capítulo descubrirás una serie de proyectos DIY fácilmente personalizables, que te ayudarán a pulir tu destreza y a explorar nuevos caminos en el lettering. Cuando trabajes en estos proyectos, recuerda que puedes cambiar cualquier cosa que se te antoje para hacerlos exclusivamente tuyos. Usa nuestros ejemplos como guía y tómate todas las licencias artísticas que necesites para crear trabajos de lettering que evidencien tu personalidad y tu estilo.

Con las herramientas adecuadas se puede rotular sobre casi cualquier superficie: vidrio, madera, cerámica, paredes..., además de los obvios papel y lienzo. Los ejemplos que figuran en este capítulo no son sino un pequeño atisbo de las posibilidades que tienes a tu alcance. De modo que aprovecha todo el conocimiento, la habilidad y la inspiración que puedas obtener de este libro y emprende tu viaje artístico personal para disfrutar al máximo del lettering.

PROYECTOS EXTRA

NO TE OLVIDES DE CONSULTAR EL CONTENIDO ADICIONAL QUE ESTÁ DISPONIBLE EN HTTPS://GGILI.COM/MATERIAL-PLACER-LETTERING Y DISFRUTA DE MÁS TRUCOS, CONSEJOS, TÉCNICAS Y TUTORIALES PARA LA CREACIÓN DE LETRAS.

En las siguientes páginas encontrarás diversas ideas y tutoriales, con instrucciones paso a paso para llevar las técnicas que has aprendido al siguiente nivel y crear proyectos rotulados a mano y personalizados.

Desde papel de envolver y papelería comercial...

... hasta logotipos de lo más profesional...

... pasando por tipos personalizados...

... decoración de interiores y mucho más.

PAPEL DE ENVOLVER

Todos usamos papel de regalo a lo largo del año para cumpleaños, fiestas y celebraciones. Crear un papel de envolver personalizado y rotulado a mano te garantizará causarles buena impresión a tus amigos y familiares. Yo he optado por hacer un papel de regalo a base de rotular la palabra "Noel" ('Navidad') en diversos estilos.

MATERIALES

- Papel en rollo del tamaño y tipo que prefieras (a mí me gustan el papel kraft corriente o el negro)
- Rotuladores de pintura o permanentes (con tinta que no sea de base oleosa)

PASO 1

Desenrolla el papel y fíjalo con cinta adhesiva o con pesos a una superficie dura, como una mesa, un tablero o directamente en el suelo. Puedes hacer unos cuantos bocetos antes de empezar, si lo deseas. Empieza por rellenar el papel con textos rotulados. Tu papel rotulado ganará en profundidad y efecto si le aplicas textura con letras en 3D, signos y símbolos, además de combinar estilos como letras cursivas, egipcias, con serifas y de palo seco. También puedes añadirle toques decorativos, como estrellas o árboles de Navidad.

TRUCO DE ARTISTA

SI VAS A USAR ROTULADORES DE PINTURA, SIGUE ATENTAMENTE LAS INSTRUCCIONES DEL FABRICANTE ANTES DE PONERTE A ROTULAR. LA MAYORÍA DE ELLOS EXIGEN QUE LOS AGITES Y QUE PRESIONES LA PUNTA ANTES DE PODER USARLOS.

PASO 2

Rellena la superficie del papel todo lo que puedas o quieras y asegúrate de dejar que se seque bien la tinta antes de envolver algún regalo o de enrollar el papel para guardarlo.

ETIQUETAS

Ahora que ya has diseñado tu papel de envolver rotulado a mano, remata tus regalos con estas sencillas etiquetas personalizadas.

MATERIALES

- Etiquetas (de madera o de pizarra)
- Rotuladores de pintura (con tinta que no sea de base oleosa)
- Fijador en espray (optativo)

PASO 1

Prepara tus etiquetas limpiándolas primero con un trapo húmedo y deja que se sequen del todo antes de rotularlas. Asegúrate de seguir las instrucciones del fabricante antes de empezar a rotular con el rotulador de pintura. Si quieres, puedes planificar o esbozar primero la etiqueta en una hoja de papel. Cuando usas rotuladores de pintura, es importante rotular deprisa para que no se seque la pintura. Empieza trazando las líneas básicas de las letras.

TRUCO DE ARTISTA

TAMBIÉN PUEDES CREAR BONITAS ETIQUETAS PERSONALIZADAS, USANDO SIMPLEMENTE CARTULINA Y TUS ROTULADORES FAVORITOS. SOLO TIENES QUE RECORTAR O TROQUELAR LA FORMA DE LA ETIQUETA, ROTULARLA Y REMATARLA AÑADIÉNDOLE UN CORDEL O UNA CINTA.

PASO 2

Ahora añádeles grosor y definición a las letras. También puedes aplicar diseños decorativos alrededor de tu texto rotulado.

PASO 3

Deja que se seque del todo la cara rotulada de la etiqueta antes de pasar al dorso y personalizarla añadiéndole el nombre del destinatario del regalo.

PASO 4

Deja que se sequen bien las etiquetas. Cuando se hayan secado, puedes aplicarles una capa de fijador en espray, y ya las tendrás listas para atarlas a tus regalos.

Aplicación extra: estas etiquetas también sirven como bonitos adornos para el árbol de Navidad

SOBRES CREATIVOS

MATERIALES

- Sobres
- Lápiz
- Regla
- Rotuladores de pigmento opaco y de pintura metalizada

Una de las sorpresas que más me gustan es abrir el buzón y encontrarme una carta manuscrita o una bonita invitación personalizada. Igual de placentero es escribir con cariño una carta o tarjeta y enviarla por correo. La actual tecnología es genial para mantener el contacto con nuestros seres queridos que están lejos, pero se agradece especialmente enviar y recibir por correo esas cartas de toda la vida. Cuando envías algo por vía postal, ya sea una carta, invitaciones, tu currículo o un paquete de viandas, añadirle una rotulación artística personalizada hará que tu envío destaque de verdad. El sobre es lo primero que recibirá el destinatario, así que ahí es donde puedes causar una buena primera impresión. Solo tienes que hacer caso de las recomendaciones de tu oficina de correos para asegurarte de que tus textos rotulados y su ubicación se ciñen a las normas postales.

SOBRES ELEGANTES

Estos elegantes sobres rotulados a mano pueden ser un modo perfecto de enviar felicitaciones navideñas o de darles un toque distinguido a tus invitaciones de boda. Prueba a rotular con pigmentos opacos en sobres de papel oscuro o metalizado para conferirles un aire dramático e inesperado.

PASO 1

Empieza por hacer un esbozo rápido del nombre del destinatario en el centro del sobre. Ten en cuenta que en algunos papeles especiales, como es el caso de estos sobres dorados metalizados, se verán las marcas que deja el lápiz o la goma de borrar, así que tal vez te convenga rotular directamente las letras, como he hecho yo.

PASO 2

Repasa las letras que has bocetado dándoles más grosor a los trazos descendentes y dejando más finos los ascendentes para imitar las líneas típicas de la caligrafía. Puedes usar cualquier tipo de letra bonita y estilosa, pero siempre teniendo en cuenta que el cartero la pueda leer.

PASO 3

Este paso es optativo, pero a mí me gusta repasar la dirección del destinatario con un rotulador negro para que destaque sobre el fondo dorado y sea más legible.

SOBRE DECORADO DE GRAN FORMATO

Estos divertidos sobres personalizados de dimensiones desmesuradas dan una impresión genial. Son una manera estupenda de enviar documentos de papel de formato A4 sin tener que plegarlos. Los hermosos destellos de color, la ubicación insólita del lettering y la decoración que lo acompaña hacen de este sobre una obra de arte por sí solo. Esta es una manera muy creativa de enviarle a algún amigo una carta especial o una de tus obras de arte. Si trabajas en el ámbito de la creatividad, este tipo de sobres son también una manera original de enviar muestras de tu portfolio, originales o materiales diversos a posibles clientes.

PASO 1

Marca con lápiz los espacios que ocupará tu rotulación. Luego dibuja las letras con trazos suaves de lápiz, por si tienes que ir ajustando los espacios.

PASO 2

Perfila y colorea el nombre del destinatario y añádele detalles creativos.

PASO 3

Con un rotulador, contornea la dirección. Si eres zurdo, como yo, escribe una línea y luego añádele el color y los detalles antes de pasar a la siguiente. Así evitarás que se te emborrone el texto.

PASO 4

Cuando hayas terminado de rotular a mano la dirección, añade detalles y florituras decorativas. Dale rienda suelta a tu imaginación, arriésgate un poco y disfruta. Piensa en lo halagado y sorprendido que se va a sentir el destinatario cuando reciba uno de tus sobres rotulados a mano en el correo.

LOGO ROTULADO A MANO

MATERIALES

- Lápices de dibujo
- Rotuladores indelebles de tinta permanente de varios grosores (yo suelo usar uno del 0,5 y otro de 2 mm)
- Cuaderno
- Papel pautado
- Papel de calco
- Cámara de fotos

Hay que tener en cuenta muchos factores a la hora de crear un logotipo. Todas las decisiones respecto al texto, el color, las imágenes y la tipografía contribuyen al éxito de una marca. Rotular a mano un logo es una manera significativa de darle a una marca un toque distinguido y exclusivo. Haz la prueba y diseña un logo para tu empresa creativa, tu marca personal o tu blog.

PASO 1

Antes de empezar, escribe unas cuantas palabras que definan tu marca.

Experimenta rotulando a mano esas palabras con estilos que reflejen su significado. Las palabras que se ven en la imagen son las que se me ocurrieron para definir la identidad de marca de una empresa de repostería.

Conceptualizar y dibujar te ayudarán a determinar qué tipo de rotulación te interesa emplear. Mi intención es crear un logo que de verdad se identifique como hecho a mano. Mi logo tiene que evidenciar un carácter orgánico que no se perciba como algo demasiado rígido, corporativo ni genérico. Por ese motivo he optado por una caligrafía suave y curvilínea y una letra estilizada con serifas que no es demasiado simétrica. Estas decisiones de lettering ayudarán a realzar las palabras que he escogido para reflejar mi identidad de marca.

El CONCEPTO

CONCEPTUALIZAR EL LOGOTIPO ES EL PASO MÁS IMPORTANTE A LA HORA DE CREAR UNA BUENA MARCA. UNA IMAGEN DE MARCA POTENTE NO ES SOLO UN LOGOTIPO BONITO QUE SIGA LA MODA. LAS MARCAS QUE DE VERDAD TIENEN ÉXITO USAN CONCEPTOS QUE HACEN PENSAR Y QUE TRANSMITEN DE MANERA VISUAL LAS PRETENSIONES DE LA MARCA. CADA ESTILO DE LETTERING EVOCA ESTADOS DE ÁNIMO Y EMOCIONES DISTINTOS. CUANDO CONCEPTUALICES TU LOGO, PIENSA EN TU IDENTIDAD DE MARCA. REFLEXIONA ACERCA DE LOS VALORES, EL ESPÍRITU Y LA PERSONALIDAD QUE QUIERES TRANSMITIR. TEN EN CONSIDERACIÓN TAMBIÉN A QUÉ PÚBLICO QUIERES LLEGAR. LA PSICOLOGÍA DEL LETTERING DEBE SERVIRTE PARA REFORZAR ESOS CONCEPTOS.

PASO 2

Cuando tengas clara tu identidad de marca, empieza a dibujar. Yo lo hago con lápices de dibujo sobre papel pautado. Recuerda que en este proceso no se busca la perfección, sino solo poner las ideas propias sobre el papel. Puedes hacer tantos dibujos como necesites.

TRUCO DE ARTISTA

USA PAPEL DE CALCO PARA TRANSFERIR TU DIBUJO FINAL. EL PAPEL DE CALCO TE PERMITE AFINAR LOS TRAZOS DE TU TRABAJO DE LETTERING Y DETECTAR QUÉ CAMBIOS QUIERES INTRODUCIR EN EL LOGOTIPO DEFINITIVO. TAMBIÉN TE FACILITA HACER CAMBIOS CON RAPIDEZ SIN TENER QUE REDIBUJAR CADA VEZ TU ROTULACIÓN DESDE CERO. USAR PAPEL DE CALCO TAMBIÉN AYUDA A EVITAR QUE QUEDEN MARCAS DE LÁPIZ O DE GOMA DE BORRAR EN TU ORIGINAL FINAL.

PASO 3

Una vez escogido el diseño de tu logo, es la hora de perfeccionar el dibujo. Yo prefiero usar lápices y una hoja nueva de papel pautado en esta fase del proceso. Dibuja el logo con trazos suaves de lápiz y luego repásalo para pulir bien los detalles. Esto sigue siendo solo un boceto, así que no hace falta que definas a la perfección cada trazo. El objetivo es que te hagas una buena idea de qué aspecto tendrá tu logotipo rotulado a mano definitivo.

PASO 4

Ahora toca transferir tu logo. Es un proceso divertido, que puede consistir en todos los pasos que creas necesarios. En este caso concreto, yo lo hice en dos pasos. En la primera hoja de papel de calco volví a dibujar a lápiz, manteniendo los trazos lo más limpios que pude y añadiendo aquellos detalles que tenía claro que iban a ir en la pieza final. A continuación, usé una segunda hoja de papel de calco para entintar el contorno del logotipo con un rotulador permanente de punta fina.

PASO 5

Una vez terminado el proceso de transferencia, si te satisface el contorno de tu logo definitivo, repásalo con diversos rotuladores permanentes y añádele al logo los detalles finales.

PASO 6

Yo tengo la costumbre de rotular primero los logotipos en blanco y negro, aunque sepa qué colores voy a emplear para la marca. Empezar con un logo en blanco y negro me ayuda a concentrarme en la forma básica. Luego suelo pasar el logo en blanco y negro al ordenador y convertirlo en gráfico vectorial, para añadirle color. No obstante, cuando ya hayas fotografiado o escaneado el logo en blanco y negro para tenerlo guardado, puedes jugar a tu antojo con colores y texturas variados. Puedes experimentar con diversas técnicas, como rotuladores, lápices de colores o acuarelas, para hacerte una idea de cómo quieres que te quede el logotipo final.

TRUCO DE ARTISTA

CUANDO TENGAS PERFECCIONADA TU PIEZA FINAL, DEDICA UN RATO A FOTOGRAFIAR O ESCANEAR TU LOGO ROTULADO A MANO. LO IDEAL ES USAR UNA CÁMARA DIGITAL QUE HAGA FOTOS DE BUENA CALIDAD Y EN ALTA RESOLUCIÓN. PUEDES VER CÓMO HACERLO EN LÁS PÁGINAS 64-71.

Pasa a la página siguiente para ver un tutorial sobre cómo convertir un logo rotulado a mano en un logotipo vectorial profesional como este

LOGO DIBUJADO Y VECTORIZADO

MATERIALES

- Cámara o escáner
- Una buena fuente de iluminación
- Programa de edición de imágenes (como Adobe® Photoshop®)
- Programa de dibujo vectorial (como Adobe® Illustrator®)

Ya tienes dibujado y pulido tu estupendo logotipo rotulado a mano. Ahora tal vez te apetezca probar a convertir ese logo en un gráfico vectorial. Cuando lo tengas convertido a dibujo vectorial podrás imprimirlo prácticamente sobre cualquier soporte y en cualquier tamaño, forma o color que quieras. El proceso exige algo de práctica y de paciencia, pero con el tiempo lograrás resultados más que aceptables. Convertir tu logo a imagen vectorial te permitirá darle a tu trabajo un toque de calidad profesional y personalizado.

¿Qué es un gráfico vectorial y por qué te conviene convertir tu logo a un formato de archivo vectorial? Los gráficos vectoriales están compuestos de líneas unidas por puntos de ancla. Esas líneas pueden ser rectas o curvas y los puntos de ancla determinan la dirección de las líneas. Para entenderlo de una manera muy sencilla, imagínate uno de esos pasatiempos que consisten en unir una serie de puntos mediante líneas. Cuando todos los puntos quedan conectados por líneas aparece una imagen reconocible.

Los trazos vectoriales se pueden usar para crear formas sencillas o gráficos de lo más complejo. Los diseñadores profesionales de tipografía digital se sirven de este método para crear los trazos, ángulos y curvas que componen sus tipos. La ventaja de usar gráficos a base de vectores es que, al no estar compuestos por píxeles, se pueden ampliar a cualquier tamaño y siempre se mantienen nítidos y definidos. Eso se debe a que los puntos y trazos se generan por medio de fórmulas matemáticas que se pueden aplicar a cualquier tamaño. Por muy grande que hagas tu logo vectorizado, siempre lo verás nítido y perfecto.

Aquí puedes ver una muestra de una imagen de píxeles y otra vectorial.

IMAGEN A BASE DE PÍXELES Si amplias mucho la imagen, verás que está compuesta de muchos puntos, llamados píxeles. Cuanto más grande hagas la imagen, más se verán estos puntos y más se distorsionará la imagen. Es lo que se conoce como "imagen pixelada".

IMAGEN VECTORIAL Los gráficos vectoriales están compuestos por trazos y puntos que definen las líneas, las curvas y la forma del gráfico. Sea cual sea el tamaño que se le dé a la imagen, siempre conserva su integridad visual.

Tienes varias maneras de crear un logo vectorial a partir de tus dibujos. Te guiaré a través de este proceso, partiendo de la herramienta "Calco de imagen", que convierte de manera automática tu imagen en un gráfico vectorial. Después de explorar este proceso y algunas de las características de "Calco de imagen", te mostraré brevemente cómo dibujar a mano una parte de tu logo y cómo afinarlo mediante la herramienta "Pluma".

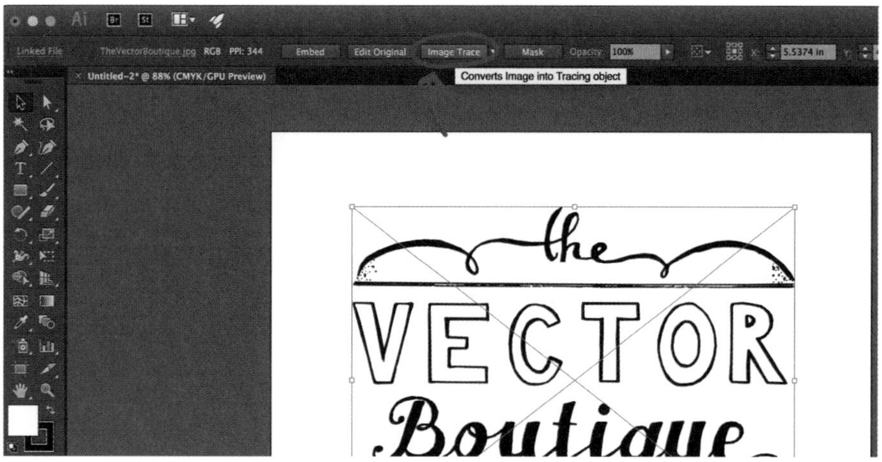

PASO 1

Fotografía o escanea tu logo rotulado a mano y edítalo en Adobe Photoshop o el programa de edición de imágenes que prefieras. (En las páginas 64-71 tienes instrucciones para preparar la fotografía y separar el texto rotulado del fondo.) Guarda el archivo editado en formato JPG de alta resolución. Luego abre Adobe Illustrator y coloca tu JPG en un documento nuevo. Con la imagen seleccionada, busca el botón "Calco de imagen" en la barra de propiedades que aparece en la parte superior de la ventana. Haz clic en el botón y sobre tu imagen aparecerá una previsualización de cómo va a quedar una vez vectorizada.

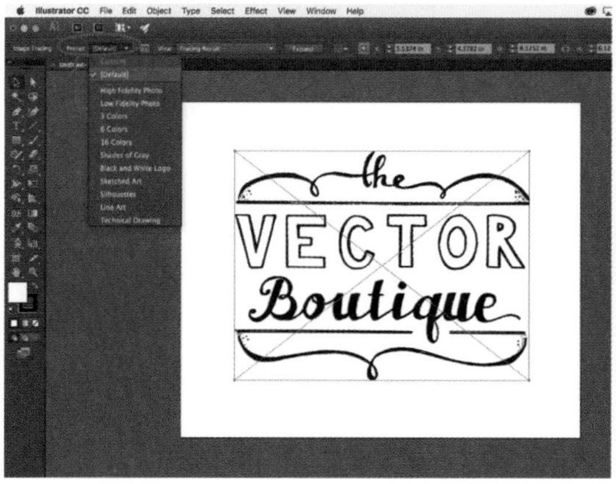

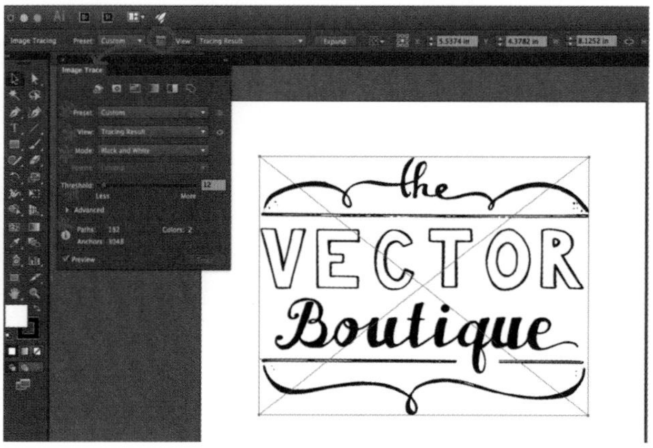

PASO 2

Existen muchas opciones que permiten afinar el modo en que Illustrator vectoriza las imágenes. Yo recomiendo previsualizar varias opciones en el menú "Ajustes preestablecidos" (ver imagen superior izquierda) y abrir el panel "Calco de imagen" (imagen superior derecha). Si no te satisface cómo se ha vectorizado la imagen, prueba a darle otros ajustes preestablecidos o a ajustar a mano el umbral. En la opción "Umbral" se controlan los valores que determinan el grado de vectorización. Los píxeles que son más claros que el valor de umbral asignado se convierten en blanco, así que ajustar el umbral determinará el aspecto final de los bordes de tu imagen.

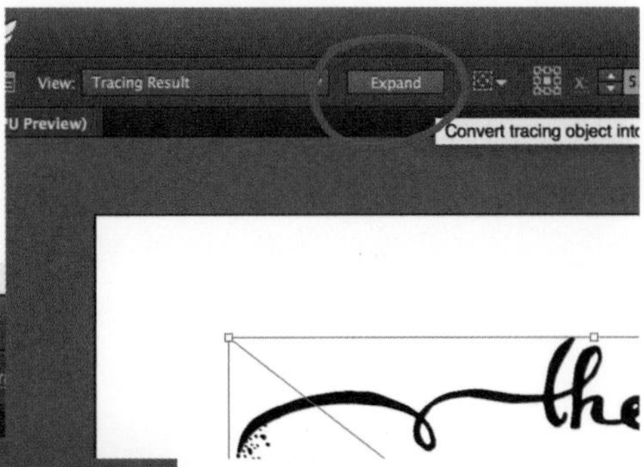

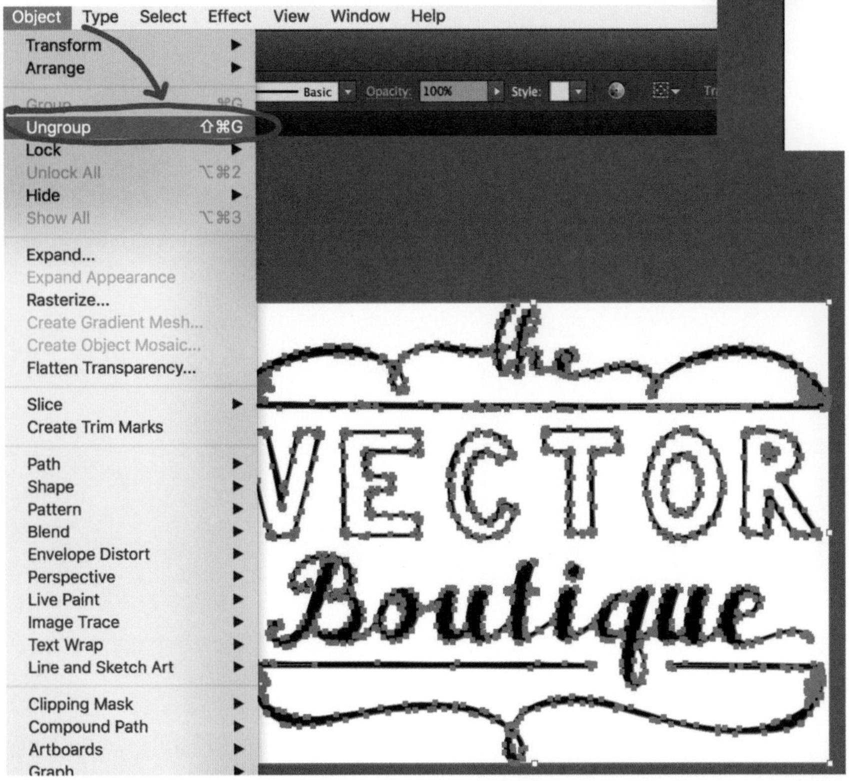

PASO 3

Una vez establecidos a tu gusto los ajustes, el umbral y el resultado de la vectorización, haz clic en el botón "Expandir", que está situado en la barra de propiedades, junto al botón "Calco de imagen". Al expandir se convierte la imagen previsualizada en un conjunto de vectores y puntos. A partir de ahora, ya puedes editar la imagen vectorizada. Empieza por desagrupar tu logo vectorizado seleccionando la opción "Desagrupar" en el menú desplegable "Objeto" de la barra de menús.

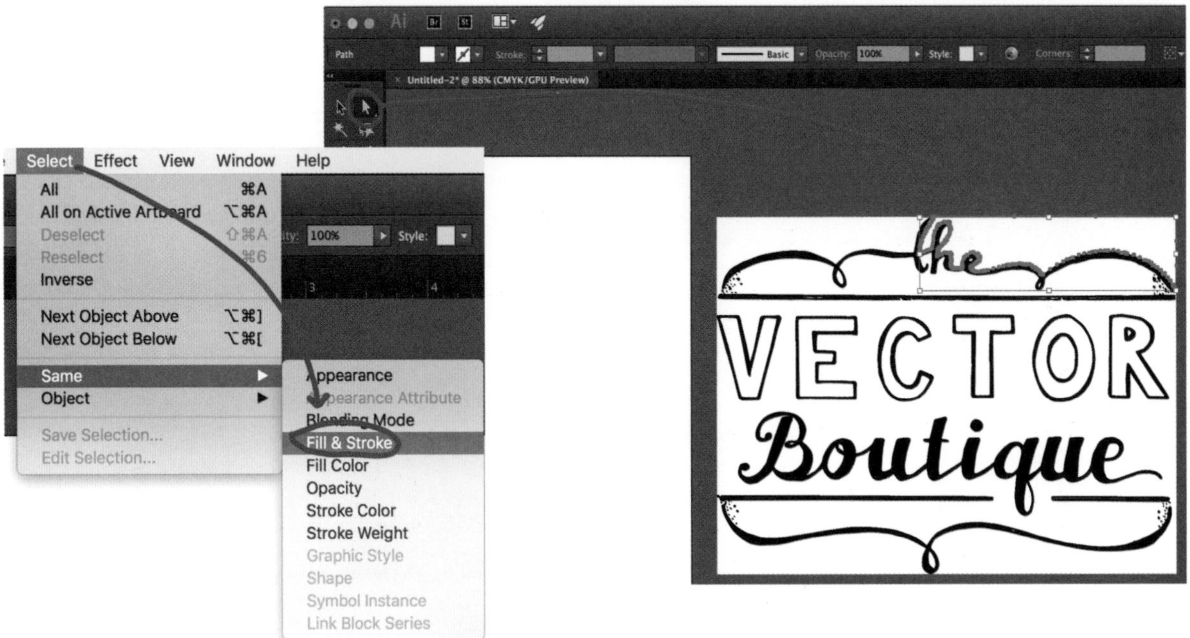

PASO 4

Cuando se expande una imagen vectorizada, Illustrator convierte también el fondo blanco de la imagen en formas vectoriales. Para suprimirlas, usa la herramienta "Selección directa", para seleccionar una de las formas blancas, y luego ve al menú "Seleccionar" y elige "Mismo" > "Relleno y trazo". Así se seleccionarán todas las formas del fondo blanco y podrás borrarlas de una sola vez.

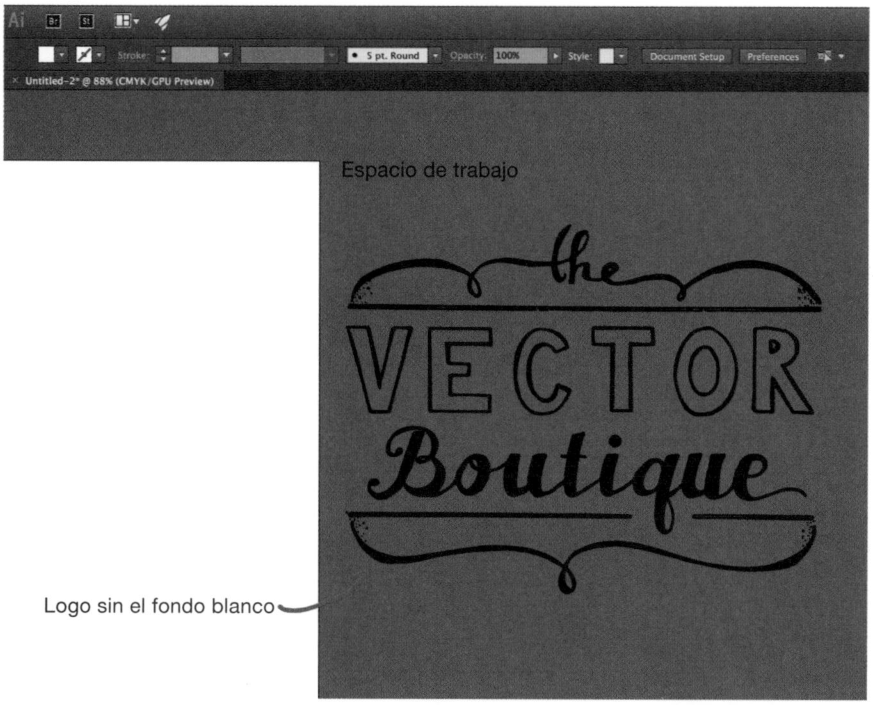

PASO 5

Ahora, aunque la mesa de trabajo de Illustrator es blanca, si arrastras el logo fuera de la página, verás que ya ha perdido el fondo blanco que tenía. Si ahora quieres cambiar de color el logo o ajustar el espaciado, por ejemplo, puedes seleccionar el logo entero o hacerlo por partes más pequeñas y ajustarlas a tu antojo. En las imágenes inferiores puedes ver unas cuantas de las cosas que alteré en mi logotipo.

Puedes seleccionar puntos de ancla concretos y moverlos con la herramienta “Selección directa”. Yo aquí he borrado algunos puntos irregulares del sombreado de mi dibujo original.

He movido un poco unas cuantas piezas del logo, para que quedase un espaciado más fluido.

También he colocado unas guías para poder alinear todo de manera más simétrica.

He añadido detalles adicionales a mi rotulación manual y he fijado nuevos puntos de ancla con las herramientas “Pluma” y “Suavizar”.

PASO 6

Este es mi logotipo original rotulado, pero ya en versión vectorial. La imperfección de las líneas le confiere un aire de dibujo hecho a mano que resulta ideal para darle la identidad de marca que se le exige a una empresa dedicada a convertir rotulaciones manuales en gráficos vectoriales.

PASO 7

El logotipo puedes dejarlo en blanco y negro, o explorar otras opciones, con muestras de color y motivos que le aporten interés visual. Es conveniente conservar una versión en blanco y negro y otra en color de cualquier logotipo. Guarda tu trabajo en formato de EPS vectorial.

TRUCO DE ARTISTA

TAMBIÉN PUEDES GUARDAR UNA VERSIÓN EN FORMATO PNG DE ALTA RESOLUCIÓN. LOS ARCHIVOS PNG NO SON VECTORIALES, PERO TE PERMITEN CONSERVAR LA TRANSPARENCIA DEL LOGOTIPO Y SON UNA EXCELENTE OPCIÓN PARA CREAR MARCAS DE AGUA PARA FOTOGRAFÍAS, POR EJEMPLO.

Dibujar a mano tu logo vectorial

Aquí tienes unos consejos para dibujar a mano el logotipo con la ayuda de la herramienta "Pluma" de Illustrator. Con esta técnica se puede conseguir darle a la imagen un aire más uniforme y limpio. Puedes trazar el dibujo entero o solo partes del logo.

Para trazar a mano el logo, lo primero es bajarle la intensidad a la imagen original al 50 % y bloquear la capa en la que está. Crea una capa nueva y redibuja sobre el logo original con la herramienta "Pluma" para ir colocando puntos de ancla. Yo prefiero hacerlo con un color verde claro, para distinguir con facilidad mis trazos de los de la capa original.

En este ejemplo me he servido del dibujo original como guía para crear la palabra "VECTOR" con la herramienta "Pluma" y una serie de guías, y lograr así que adquiera un aspecto más nítido y cercano al de un tipo digital de palo seco.

TIPO DE LETRA PERSONALIZADO

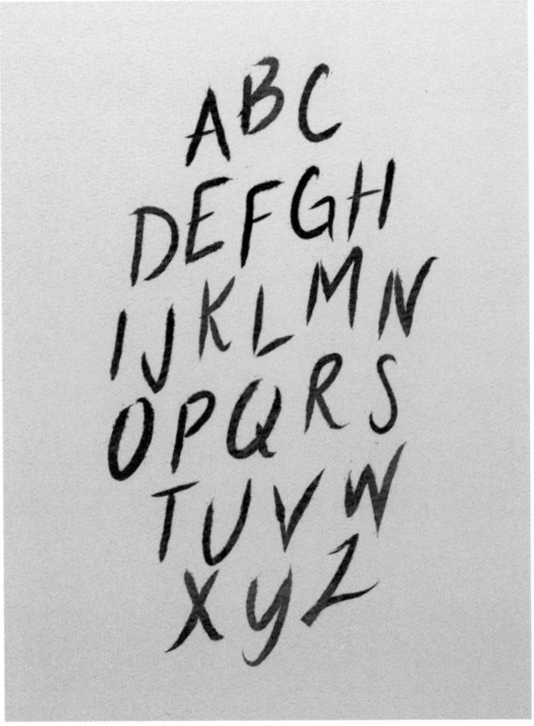

Te encanta el lettering, te atraen la autenticidad y el carácter único de rotular a mano y adoras hasta las pequeñas imperfecciones. ¿Alguna vez te has planteado cómo convertir tu estilo particular de rotular en un tipo de letra propio y exclusivo? Hay varias maneras de crear tipos y numerosos programas de diseño tipográfico entre los que escoger. Los diseñadores profesionales de tipos dedican muchas horas a perfeccionar sus creaciones con todo esmero y a veces usan costosos programas de edición tipográfica que les facilitan mucho el trabajo, pero no debes dejar que eso te impida probar a crear tu familia de letra personal. Te prometo que no hace falta ser tipógrafo profesional y que no necesitas gastarte un montón de dinero para hacerte tu propio tipo rotulado a mano.

En este tutorial te muestro unos cuantos fundamentos para elaborar alfabetos a base de caracteres rotulados a mano y dos métodos posibles para convertir tu alfabeto rotulado en una familia tipográfica.

MATERIALES

- Papel
- Rotulador con punta de pincel de pigmento permanente
- Adobe Illustrator
- Programa de edición de tipos preferido*
- En este tutorial repasaremos dos maneras de crear una familia tipográfica:
  —Opción A: Sencilla, rápida y gratuita. Crea una letra con MyScriptFont.com.
  —Opción B: Programa de edición de tipos de nivel básico. Crea una letra con el editor Glyphs Mini App, que exige Mac OSX 10.6.8 o más reciente.

ROTULAR A MANO EL TIPO

PASO 1

Rotula a mano los caracteres del alfabeto en papel. Yo quería que mi tipo tuviese un aspecto de letras pintadas con pincel seco, así que usé un rotulador con punta de pincel sobre papel granulado. Si hace falta, dibuja las letras en papel pautado para que mantengan las proporciones.

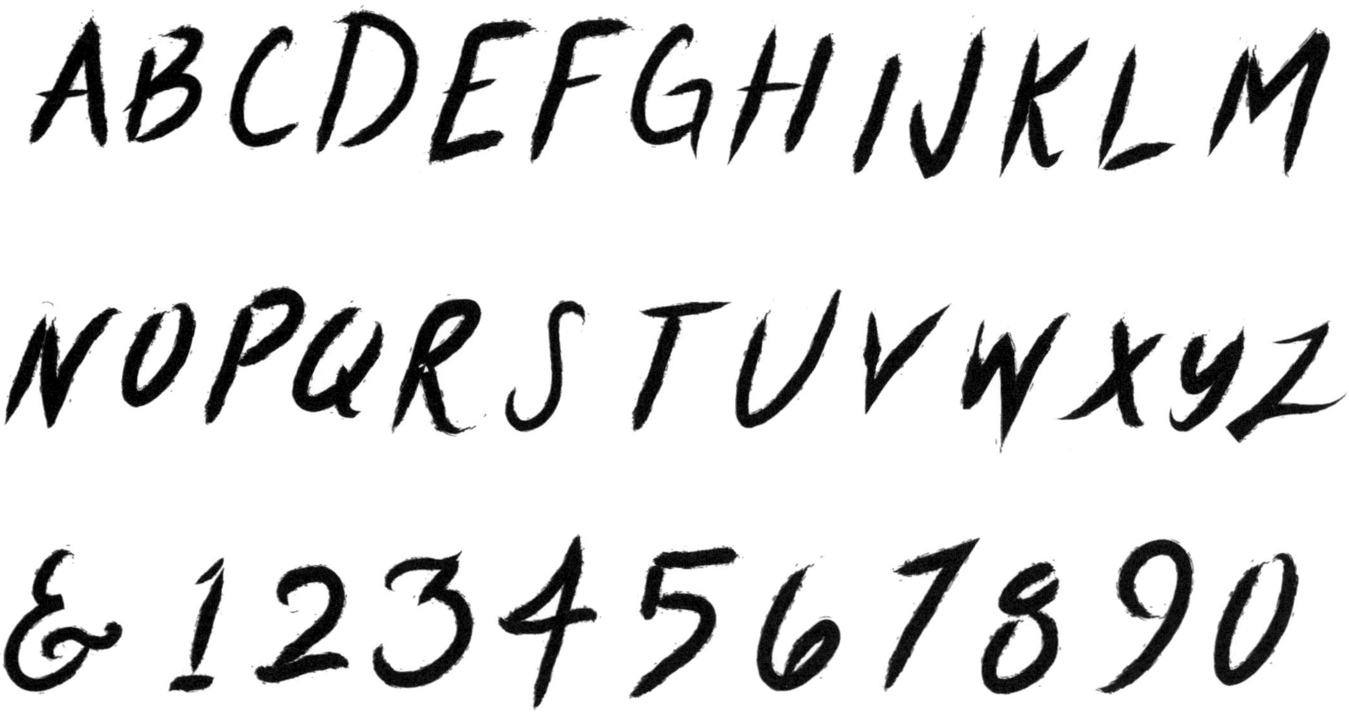

PASO 2

Redibuja y perfecciona cualquiera de las letras que no te satisfaga del todo. Ten en cuenta la altura de mayúsculas y la línea base, así como las líneas de ascendentes y descendentes y la altura de la X. Dado que la mía va a ser una familia del estilo script con todos los caracteres en caja alta, he alterado un poco a propósito el tamaño de las letras, la línea base y la altura de las mayúsculas. Cuando tengas acabados todos los caracteres, fotografíalos o escanéalos.

CONVERTIR LA ROTULACIÓN EN GRÁFICOS VECTORIALES

PASO 1

Coloca el alfabeto en un documento nuevo de Illustrator y, con la imagen seleccionada, usa la opción "Calco de imagen" para convertir las letras rotuladas a mano en formas vectoriales (más detalles al respecto en el tutorial sobre vectorización de las págs. 110-115).

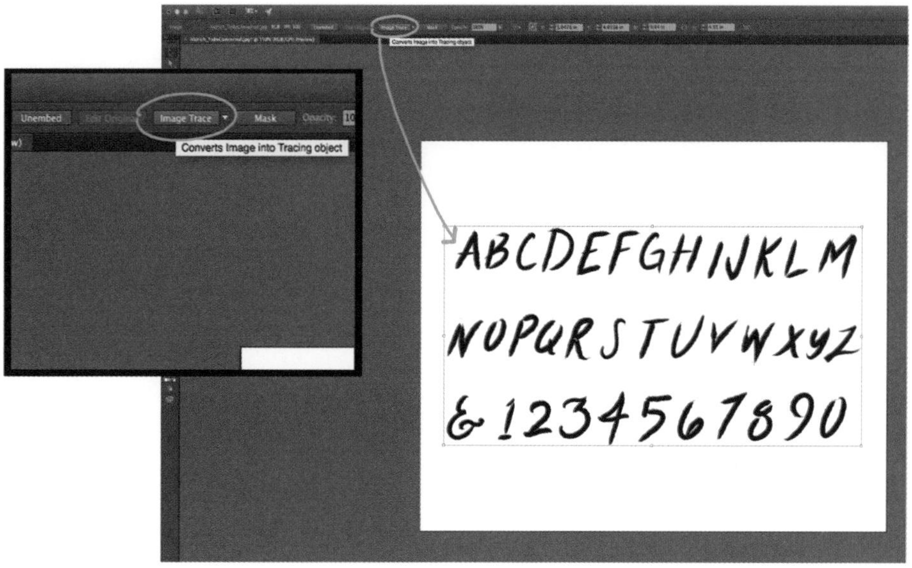

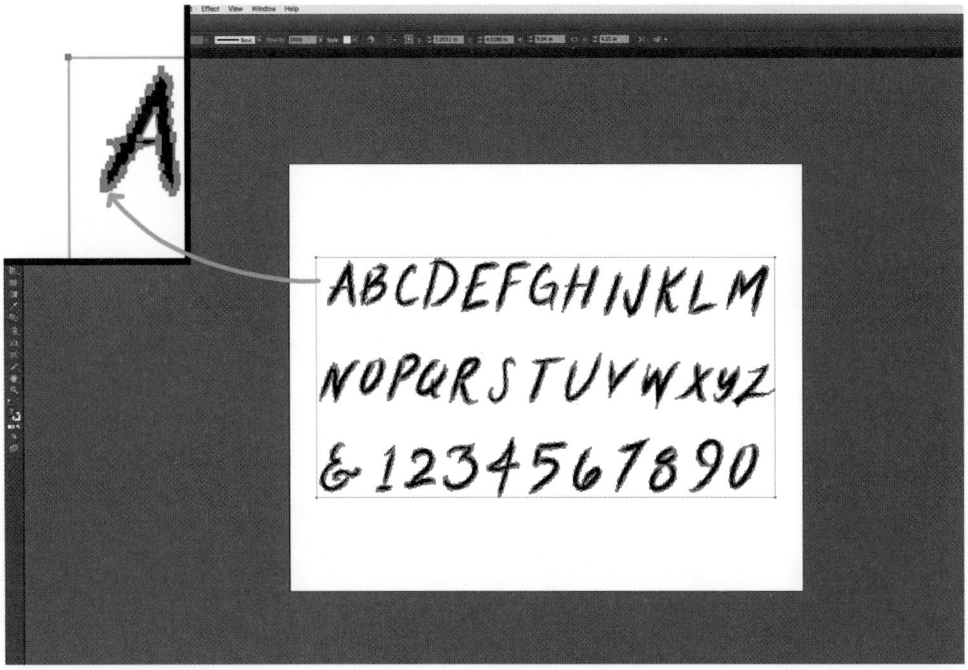

PASO 2

Usa el botón "Expandir" para convertir los objetos seleccionados en formas compuestas por trazos vectoriales. Puedes repasar cómo hacerlo en las páginas 110-115.

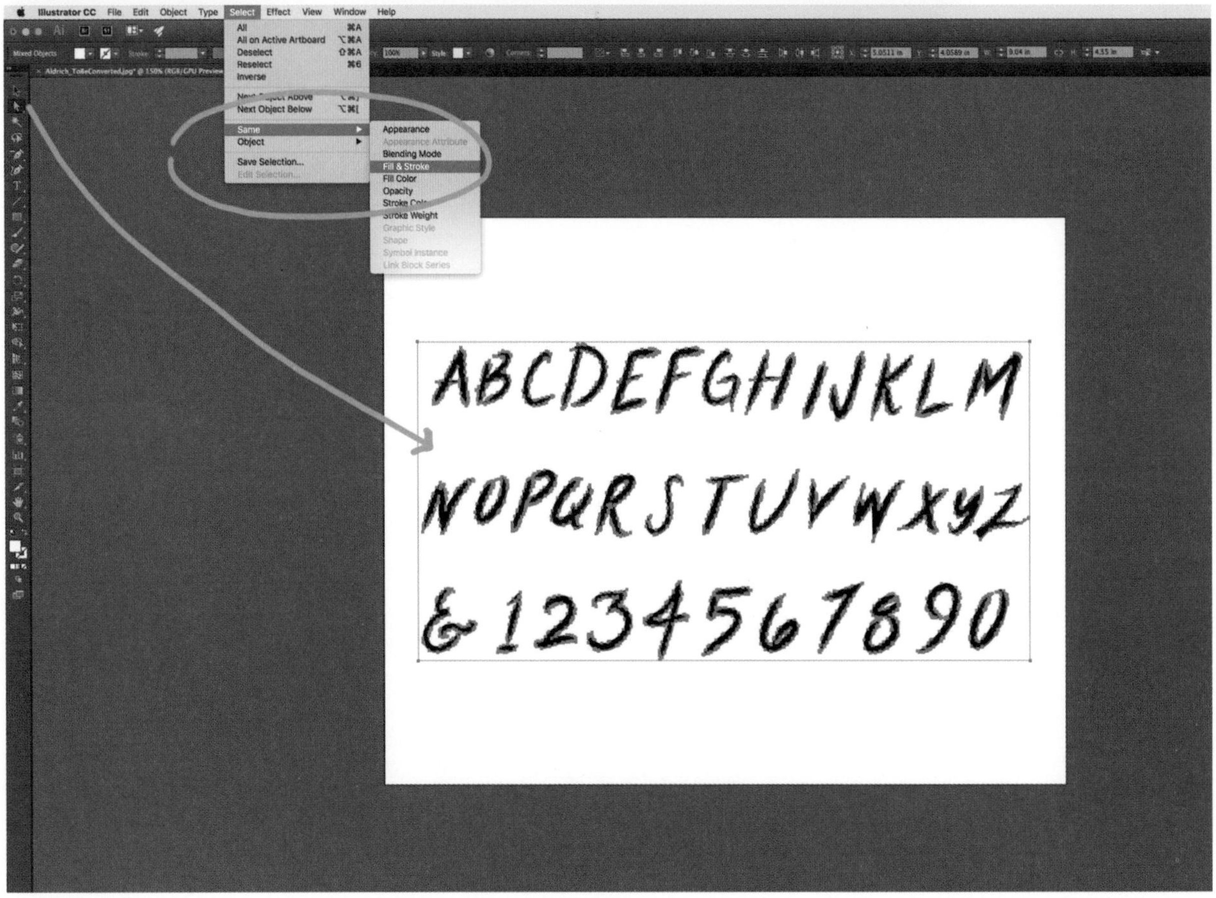

PASO 3

Usa la herramienta "Selección directa" para seleccionar alguna zona de tu rotulación que tenga relleno blanco. Una vez seleccionada, accede al menú "Seleccionar" > "Mismo" > "Relleno y trazo". Así seleccionarás todas las zonas con relleno blanco y podrás borrarlas para que queden solo las formas de las letras.

PASO 4

Revisa todas las letras y símbolos para eliminar cualquier imperfección y suavizar las líneas dentadas o irregulares.

TRUCO DE ARTISTA

UNA ALTERNATIVA PARA EVITAR TENER QUE DIBUJAR A MANO LAS LETRAS SOBRE PAPEL Y LUEGO IMPORTARLAS ES USAR LA HERRAMIENTA "PLUMA" DE ILLUSTRATOR PARA DIBUJAR LAS LETRAS DIRECTAMENTE EN LA MESA DE TRABAJO DEL PROGRAMA.

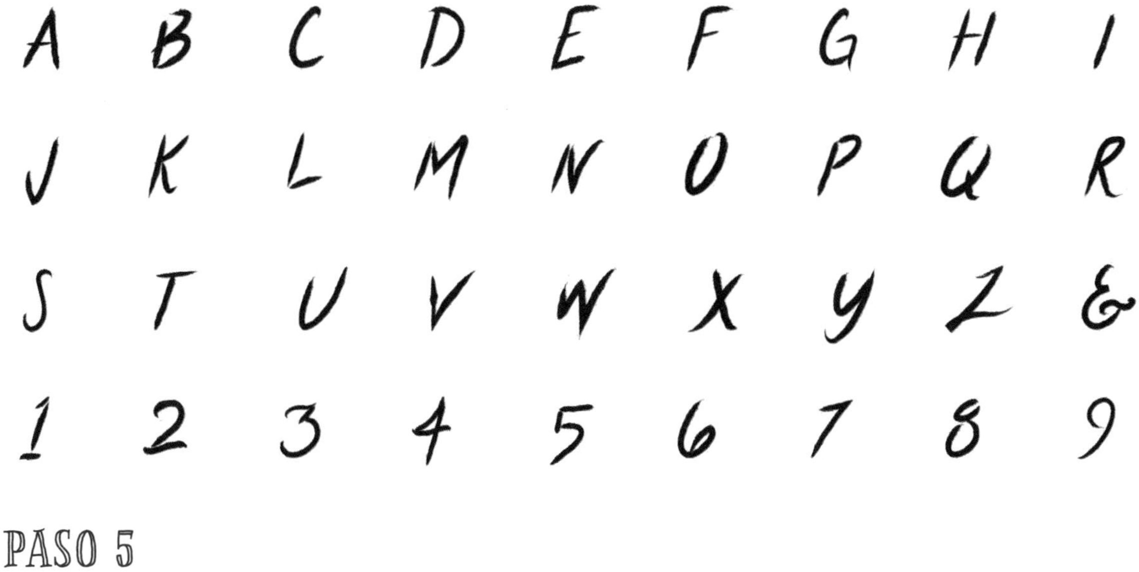

PASO 5

Organiza todos los caracteres y modifícalos lo que creas necesario para que tengan un tamaño relativamente uniforme.

CREAR LA LETRA: RÁPIDO Y GRATIS

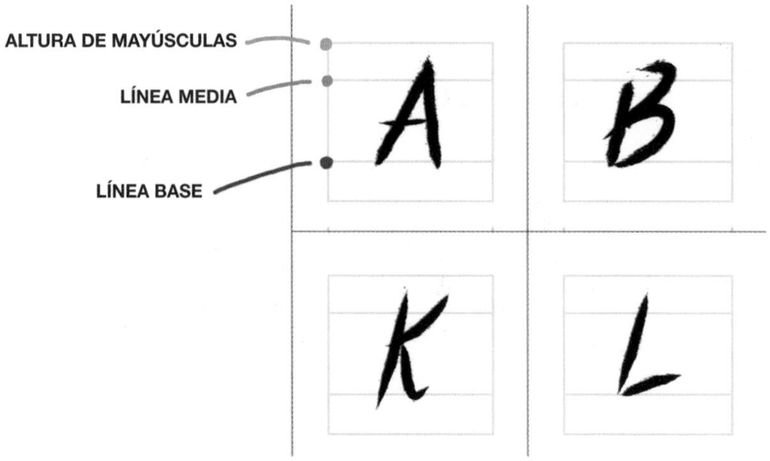

PASO 1

Investiga un poco en internet y busca un editor de tipos de letra gratuito. Descarga la plantilla para tipos. Luego copia y pega tus letras vectoriales en la plantilla y ordénalas a tu antojo. Ajusta el tamaño y el espaciado lo que haga falta para que los caracteres se ciñan a la línea base, la altura de mayúsculas y la línea media.

TRUCO DE ARTISTA

PARA INSTALAR UNA NUEVA LETRA DIGITAL EN MAC, HAZ CLIC CON EL BOTÓN DERECHO EN EL ARCHIVO Y ESCOGE "ABRIR CON" > "CATÁLOGO TIPOGRÁFICO".

PASO 2

Guarda y sube la plantilla personalizada a la web del editor de tipos. Ponle nombre al tipo de letra y selecciona que se genere un archivo final en formato TTF. Haz clic en el botón de "Generar fuente" y descárgatela cuando haya terminado. Ahora ya puedes instalar tu nuevo tipo como lo harías con cualquier otra familia descargada. Tu fuente tipográfica rotulada a mano ya está lista para usarla. Esta opción no permite afinar características adicionales como el *kerning* (acoplamientos entre pares de letras), pero es una manera sencilla y gratuita de empezar.

CREAR LA LETRA: PROGRAMA DE EDICIÓN DE TIPOS A NIVEL BÁSICO

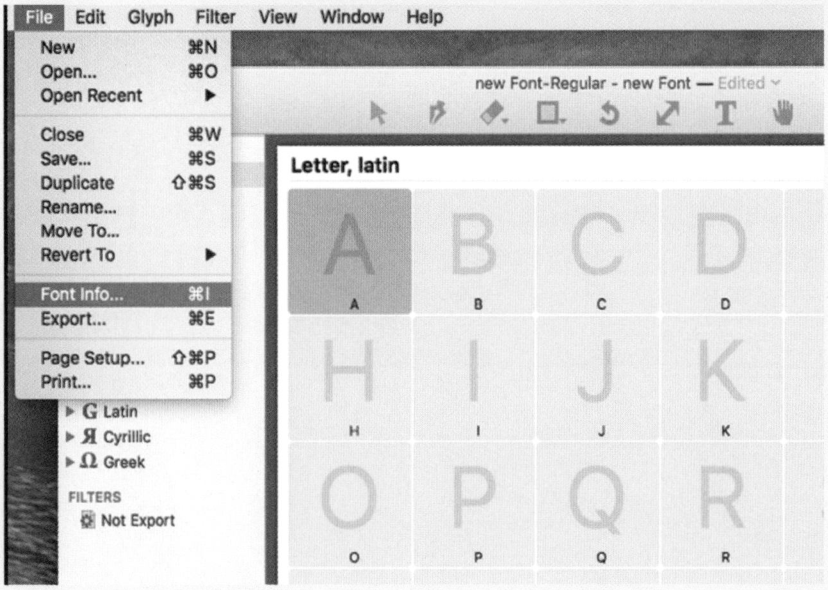

PASO 1

Investiga un poco para dar con el programa de edición de tipos que más te guste. Dependiendo del programa que uses, puede que estas instrucciones cambien un poco, pero te servirán de guía para los pasos básicos. En este tutorial utilizo el programa Glyphs Mini App. Abre el programa y selecciona "Archivo" > "Nuevo". Luego ve a "Archivo" > "Información de la fuente".

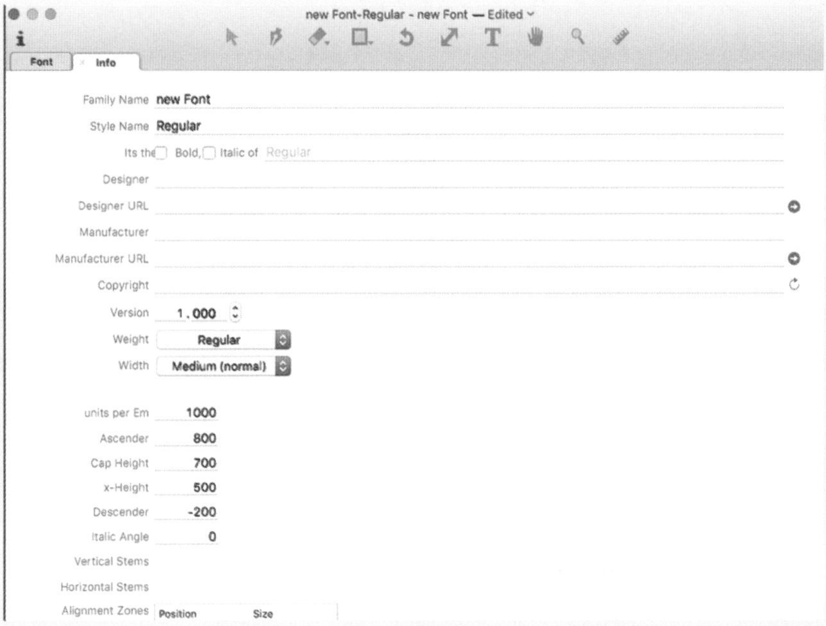

PASO 2

Aquí puedes ponerle nombre a tu tipo de letra rotulada y rellenar una serie de datos adicionales. En esta captura de pantalla se muestra cómo rellené los datos de mi fuente.

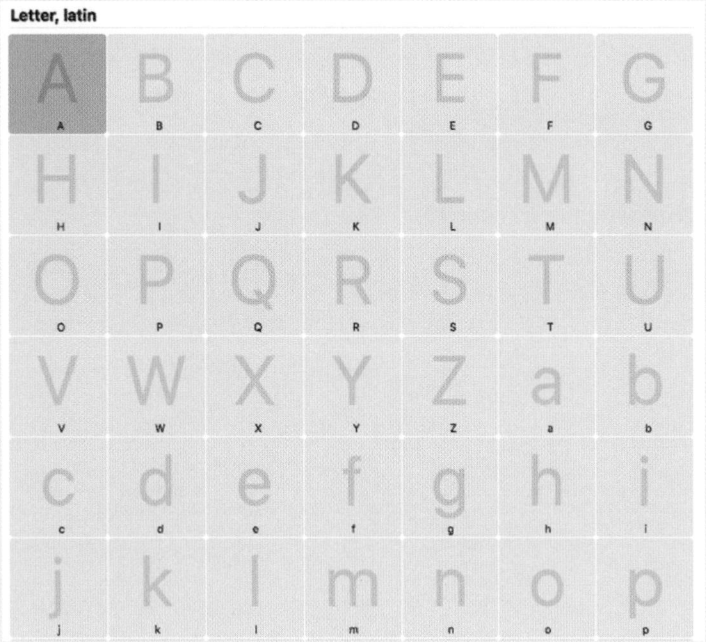

PASO 3

En Adobe Illustrator, redimensiona todas tus letras vectoriales para darles un tamaño de 1000 × 1000 píxeles. En las opciones del programa de edición de tipos, escoge qué letras, números y símbolos quieres que compongan tu tipo de letra.

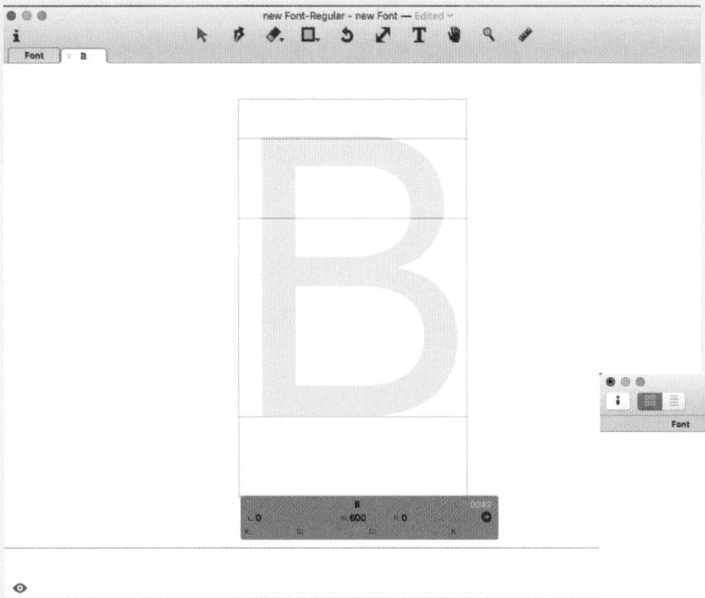

PASO 4

Cuando lo tengas todo listo, haz doble clic en uno de los glifos del editor de tipos y copia y pega allí la letra o carácter correspondiente desde Illustrator. Dale el tamaño y la ubicación adecuada al carácter.

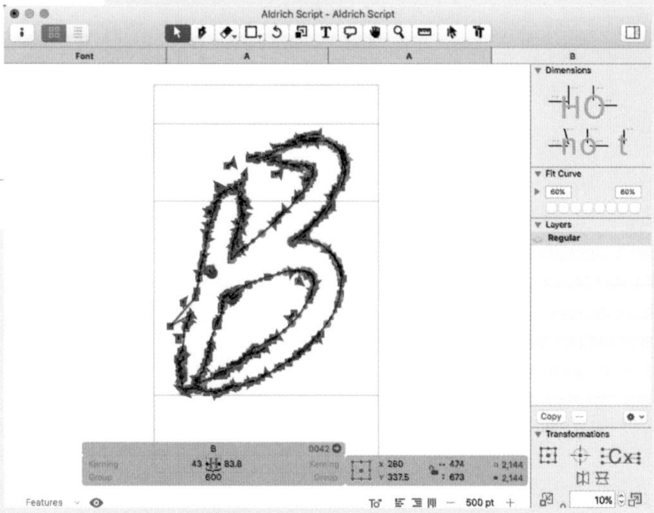

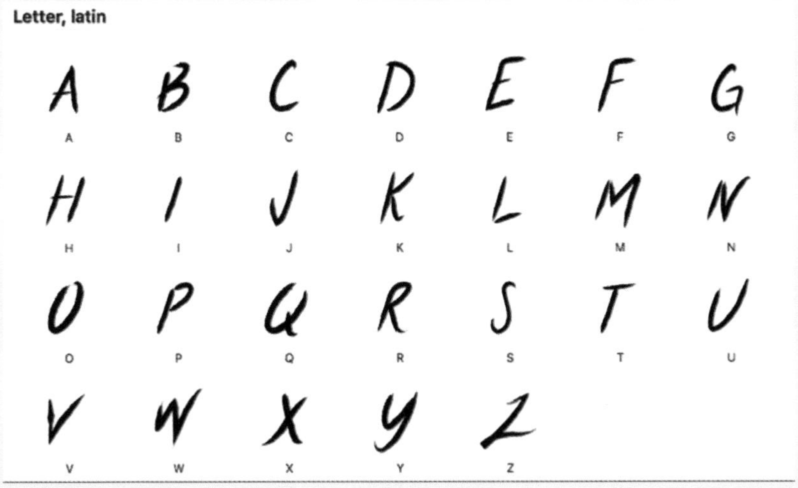

PASO 5

Copia todas las letras y símbolos en sus glifos correspondientes.

PASO 6

Es posible que necesites ajustar el *kerning* de tus letras. El *kerning* es el espaciado asignado a determinados pares de letras que suelen acoplarse mal. Para ajustarlo en Glyphs Mini App, empieza por hacer doble clic para seleccionar una letra. Con la herramienta "Texto" seleccionada, pulsa las teclas Comando + Opción + F. Escribe unas cuantas palabras para ver cómo queda el *kerning*. Para cambiarlo, selecciona el espacio entre dos letras, pulsa las teclas Comando + Opción y ajústalo con las flechas izquierda y derecha del teclado.

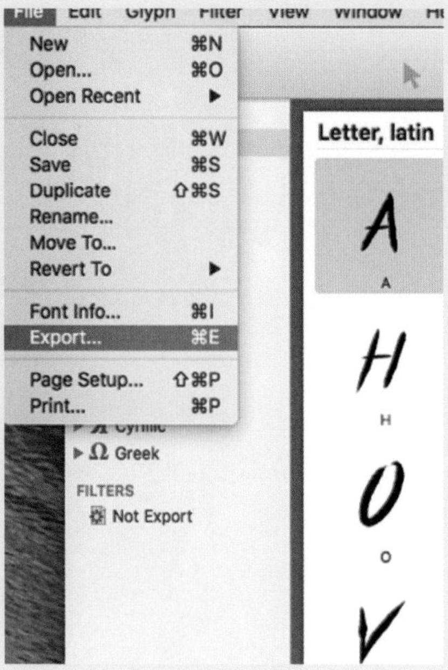

PASO 7

Genera el tipo de letra final seleccionando "Archivo" > "Exportar". Recomiendo exportar en formato OTF, que dará lugar a una fuente OpenType.

PASO 8

Ya puedes instalar tu familia digital rotulada. Después de hacerlo, experimenta con ella para ver qué cambios o ajustes te conviene introducirle en el programa de edición de tipos.

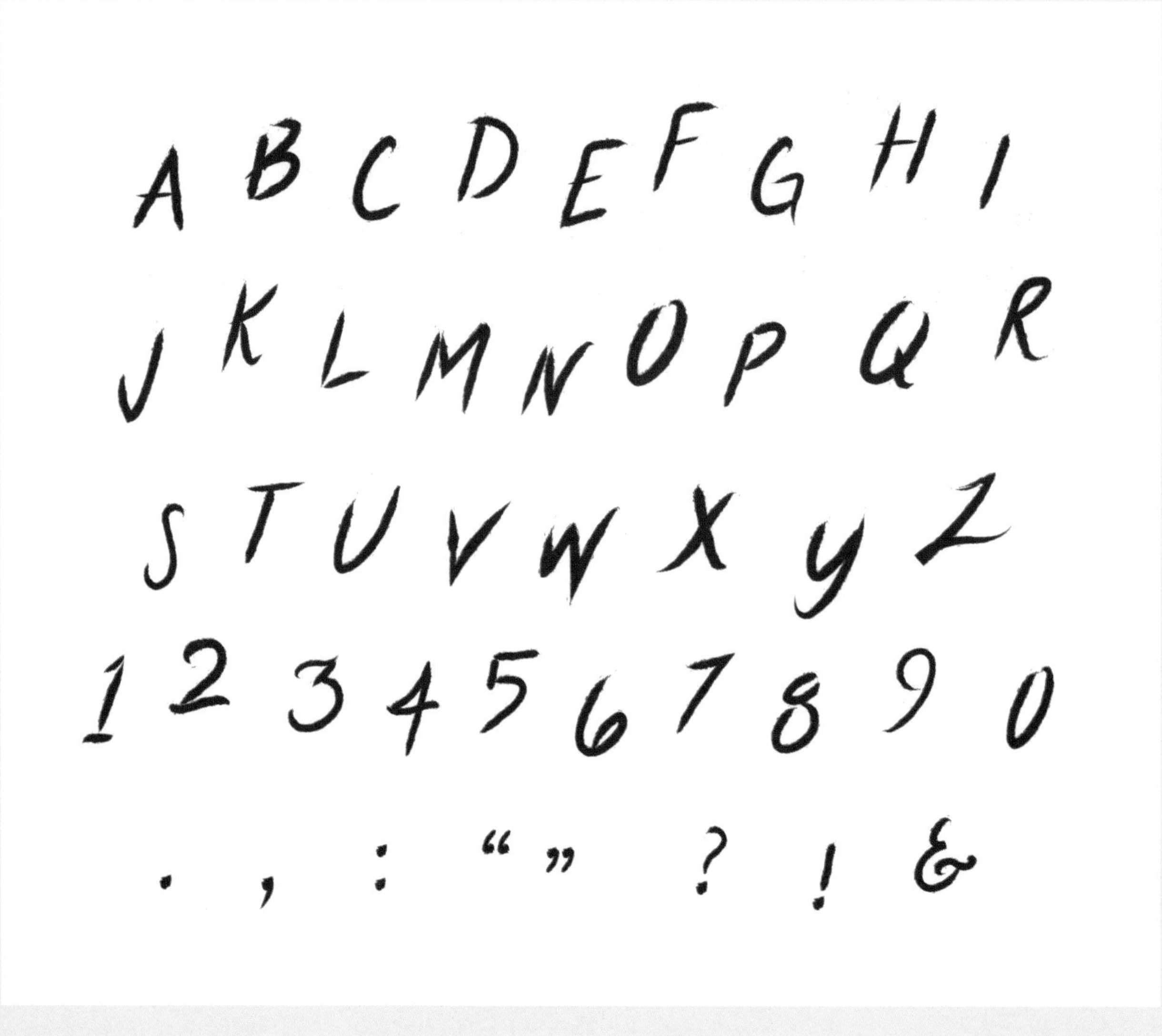

PASO 9

Ahora ya puedes teclear cualquier texto con tu tipo de letra personal y rotulada a mano. Con estos conocimientos básicos serás capaz de crear y perfeccionar todas las letras digitales que quieras. Disfruta de la tipografía.

MURAL MODERNO

MATERIALES

- Lápiz y papel
- Regla y tijeras
- Cinta adhesiva de doble cara
- Cinta de pintor
- Plástico para cubrir el suelo
- Cúter
- Pintura plástica de interior y pinturas acrílicas
- Brochas grandes para la pared, una más pequeña para los bordes; pinceles finos para los detalles
- Cubeta y rodillos para pintura
- Cubo de pintura pequeño
- Rotulador de punta de fieltro de color blanco opaco
- Rotuladores de pintura
- Toallitas húmedas
- Escalera de mano

Si te gusta la tendencia geométrica del diseño, te encantará este mural moderno, que combina de original manera la geometría con un lettering contemporáneo de letras de palo seco. El mural de este tutorial es para la habitación de una niña, pero puedes cambiar los colores y las frases para que se adapten a cualquier otro espacio. Por ejemplo, prueba una versión sofisticada a base de tonos de negro, blanco y gris para decorar una oficina doméstica de lo más distinguida.

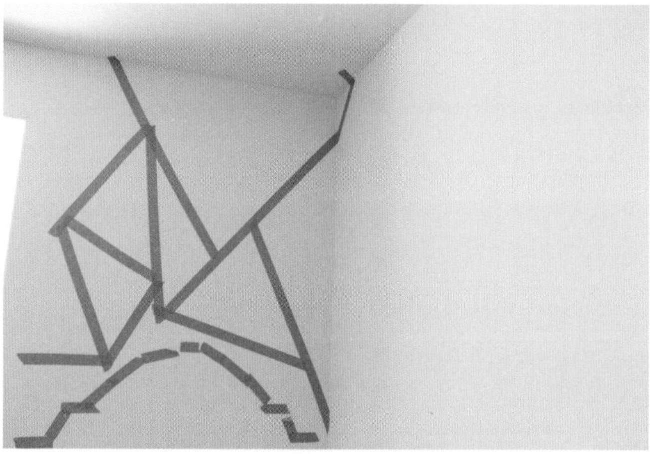

PASO 1

Haz un boceto esquemático del mural y decide en qué parte de las paredes vas a pintarlo. Prepara el espacio y despeja la zona para poder trabajar a gusto sin estorbos. Señala con cinta de carrocero dónde van los muebles para hacerte una idea de cómo interactuará tu mural con la decoración. Aquí se puede ver que he marcado con cinta el lugar donde irá un cabezal de cama. Empieza a trazar con cinta las formas geométricas. Alinea bien las esquinas y aprieta bien la cinta. Cuando pongas tiras rectas muy largas, cuida de no estirar demasiado la cinta. Si se tensa demasiado, puede que no quede plana o no se adhiera correctamente.

Mi mural contiene frases adorables de todo el mundo:

- **i koråson hu = mi corazón**
  Origen: chamorro
- **honey = miel, equivalente a "cariño"**
  Origen: inglés
- **keiki = bebé**
  Origen: hawaiano
- **Liebling = cariño**
  Origen: alemán
- **mija = contracción de "mi hija", se suele usar en tono cariñoso hacia las jóvenes**
  Origen: español
- **mon petit chou = mi repollito, frase cariñosa equivalente a llamar a alguien "amado/a" o "cariño"**
  Origen: francés
- **my dear = querido/a**
  Origen: inglés
- **neni girl = bebé (niña)**
  Origen: chamorro e inglés
- **stella = estrella**
  Origen: italiano y latín
- **yuriko = nombre que significa "niña lirio"**
  Origen: japonés

PASO 2

Encinta y alinea las esquinas. Luego coloca un plástico protector en el suelo y pégalo con cinta a la pared para protegerla también de posibles salpicaduras.

PASO 3

Prepara el espacio de trabajo y ten a mano toallitas húmedas y papel de cocina para quitarte la pintura de las manos y limpiar los pinceles con facilidad. Empieza a pintar las zonas acotadas. Cuando pintes el contorno de la cinta, aplica los brochazos partiendo desde la cinta hacia fuera. Eso ayudará a que no penetre tanto la pintura por debajo de la cinta adhesiva.

PASO 4

Puedes encintar el techo para evitar que se manche o usar un pincel especial para pintar esquinas, que es mi opción preferida. Para pintar esos bordes entre pared y techo, carga el pincel mojando solo las puntas de las cerdas y elimina el exceso de pintura. Coloca el pincel a unos dos centímetros del borde que vas a perfilar y luego presiona para que las cerdas queden alineadas con la esquina. Una vez pintado con brocha ese borde entre pared y techo, puedes usar un rodillo para pintar zonas más amplias con mayor rapidez.

PASO 5

Pinta de una vez todas las zonas de un mismo color hasta que hayas coloreado todas las zonas acotadas. Quita con cuidado la cinta adhesiva en cuanto hayas terminado de pintar. Es mejor despegar la cinta de pintor cuando la pintura todavía no está del todo seca. Tira despacio de la cinta, manteniéndola en un ángulo de 130 grados para que quede una línea blanca nítida.

PASO 6

Mientras se seca la pintura, prepara tu rotulación. Existen muchas técnicas para hacer trabajos murales de lettering. Puedes trabajar a mano alzada o usar plantillas. Yo lo hice ayudándome con una serie de plantillas de letras de palo seco que complementan a la composición geométrica. Alinea y espacia las letras, ayudándote con una regla para que el espacio entre letras sea uniforme. Adhiere las letras recortadas a la pared con cinta adhesiva de doble cara y dibuja sus contornos con un rotulador blanco opaco de punta de fieltro. Luego, con un pincel de punta fina y pintura acrílica blanca, repasa el contorno de las letras y rellénalas.

PASO 7

Cuando se hayan secado las letras rotuladas, puedes añadirles sombras o detalles con pintura acrílica de colores y pincel o con un rotulador de pintura.

PASO 8

Repite ese proceso para todas las frases o palabras que quieras rotular. Deja que se seque bien la pintura y tendrás como resultado un mural rotulado moderno que sin duda dará que hablar. Vuelve a colocar los muebles en su sitio y disfruta de tu nuevo espacio.

ESTAMPAR SOBRE TELA

MATERIALES

- Lápiz
- Pintura acrílica
- Pinceles
- Medium textil
- Bolsa de tela sin estampar
- Cartón
- Plancha

Pintando sobre tela no solo se consigue una estética serigráfica moderna, sino que se pasa muy bien. Puedes hacer camisetas, delantales, bolsas de tela y muchas cosas más. Si quieres que tu tela estampada dure más, lo más conveniente es añadirle a la pintura un poco de medium textil, lo que garantizará que la prenda pase por la lavadora sin estropearse.

PASO 1

Empieza por planchar la bolsa de tela para que quede una superficie bien lisa. Luego dibuja las palabras o letras con trazos suaves de lápiz en el frontal de la bolsa. Yo he rotulado la palabra "sonrisa" en multitud de idiomas.

PASO 2

Coloca un pedazo de cartón dentro de la bolsa para evitar que la pintura la traspase y manche la otra cara.

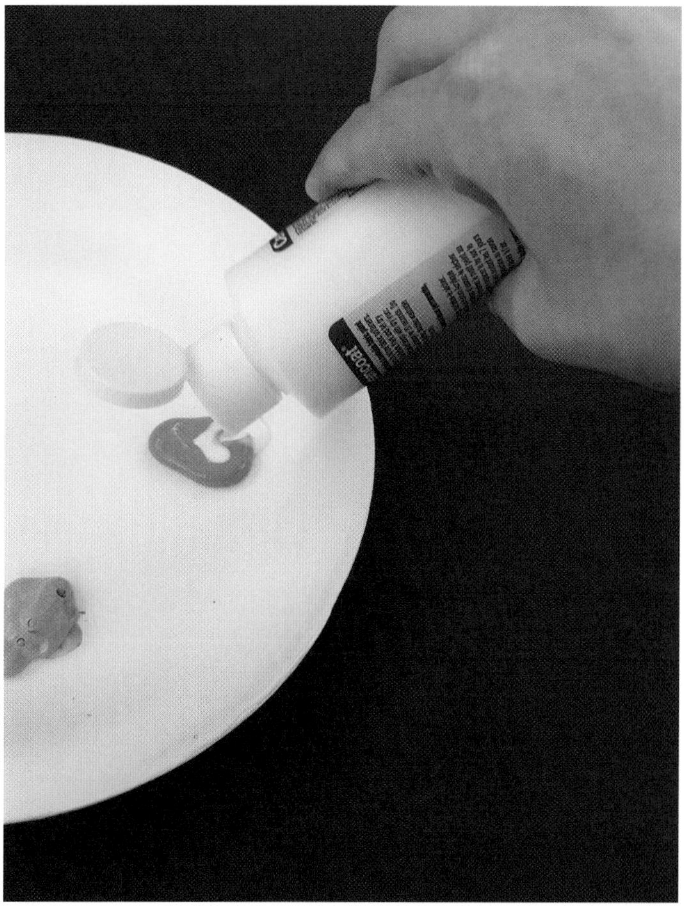

PASO 3

Prepara tu pintura acrílica mezclándola con un poco de medium textil.

PASO 4

Ya puedes ponerte a pintar. Yo he alternado entre dos colores para darles mayor dimensión a las palabras. Fíjate en que los diversos estilos de lettering aplicados hacen que destaquen los distintos idiomas.

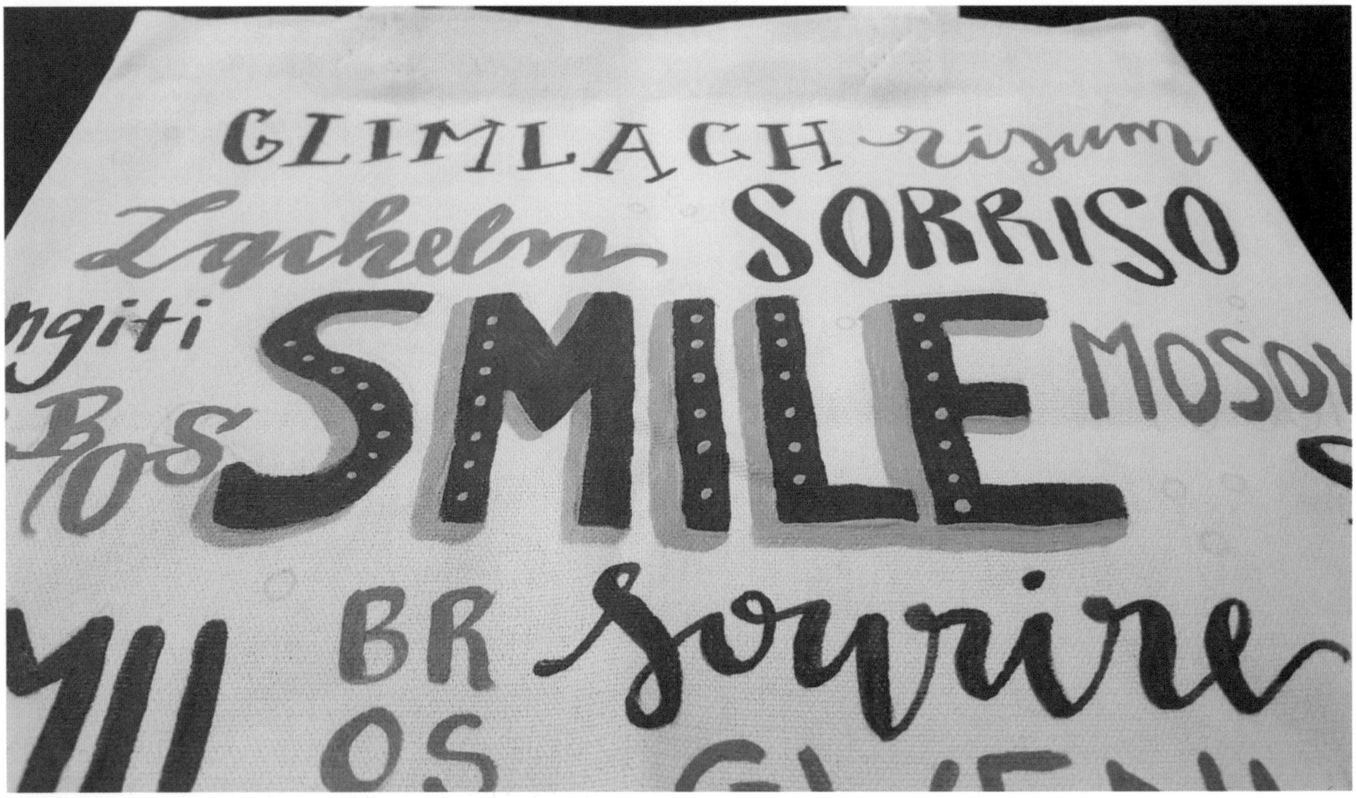

PASO 5

Usa un tercer color para añadirle un efecto tridimensional a la palabra principal y para darle unos toques decorativos.

PASO 6

Deja que la pintura se seque 24 horas y luego sigue las instrucciones del fabricante del medium textil para fijar la pintura con la plancha caliente. Ya puedes disfrutar de tu nuevo accesorio rotulado a mano.

SELLO DIY

La técnica actual de estampación con bloques implica tallar un diseño en madera u otro material para imprimirlo en papel o tela. El bloque tallado se entinta y se presiona para transferir la imagen al soporte impreso. Madera, linóleo y caucho son algunos de los materiales que más se usan en esta técnica. En este tutorial aprenderás a combinar tu amor por la rotulación manual con la estampación. Te guiaremos por el proceso de grabado de un bloque de linóleo. Aparte de eso, te proponemos unos cuantos trucos sencillos para estampar tus imágenes en papel y tela. Este proyecto es muy versátil y se puede adaptar para crear un monograma personalizado, un logotipo comercial o una estampación artística.

MATERIALES

- Lápiz
- Papel de impresora o papel de calco
- Bloque de linóleo de 10 × 13 cm
- Mango y gubias para linóleo del 1, 2 y 5
- Tinta para estampación
- Rodillo de entintado
- Bandeja o vidrio para entintar
- Cinta adhesiva
- Tijeras
- Pintura acrílica mezclada con medium textil para estampar sobre tela (optativo)

PASO 1

Marca en papel el contorno del bloque de linóleo y dibuja tu diseño a lápiz. Yo he optado por un diseño decorativo con una pluma y la letra *f* en el centro.

TRUCO DE ARTISTA

PUEDES COMPRAR LOS BLOQUES DE LINÓLEO POR SEPARADO O ADQUIRIR UN KIT DE ESTAMPACIÓN CON LINÓLEO EN TU TIENDA DE MATERIAL DE BELLAS ARTES.

Breve historia de la estampación

La impresión con bloques de madera, o xilografía, es una de las formas de estampación más antiguas. Los primeros ejemplos los encontramos en China. La técnica se difundió por todo el Lejano Oriente como medio para imprimir sobre tela, en papel y para ilustrar libros. Con el paso del tiempo, esta técnica evolucionó y se adaptó al irse expandiendo por el mundo. Una modalidad japonesa de estampación con madera, llamada *ukiyo-e*, se caracteriza por hermosas e intrincadas estampaciones de paisajes, figuras humanas, plantas y animales. En la India se tallan y se estampan sobre tela motivos ornamentales de bellos colores. La estampación mediante madera grabada apareció en Europa con la llegada del papel y se convirtió en una popular técnica de impresión hacia el siglo XV. Acabó siendo uno de los principales métodos de imprimir ilustraciones para libros compuestos con tipos móviles en el siglo XVI.

PASO 2

Perfecciona tu dibujo, hasta que quede un contorno limpio de trazos oscuros de lápiz. Borra cualquier línea no necesaria. Luego recorta el dibujo al tamaño del bloque de linóleo.

TRUCO DE ARTISTA

¿BLANCO SOBRE NEGRO O NEGRO SOBRE BLANCO? TÚ ELIGES. PIENSA CÓMO QUIERES QUE QUEDE LA ESTAMPACIÓN FINAL. ¿QUIERES QUE TU ROTULACIÓN QUEDE EN UN ESPACIO POSITIVO O NEGATIVO?
BLANCO SOBRE NEGRO: LAS LINEAS Y LOS DETALLES SE VACÍAN EN EL BLOQUE. EL DISEÑO FINAL TENDRÁ ESOS DETALLES EN BLANCO Y LO QUE SE IMPRIMIRÁ SERÁ EL ESPACIO NEGATIVO.
NEGRO SOBRE BLANCO: EL ESPACIO NEGATIVO SE VACÍA EN EL BLOQUE. LOS DETALLES QUEDARÁN IMPRESOS Y EL ESPACIO NEGATIVO SERÁ BLANCO. PUEDES INCLUSO COMBINAR AMBAS TÉCNICAS.

PASO 3

Coloca tu dibujo a lápiz bocabajo sobre la superficie del linóleo y fíjalo con cinta al bloque. Con un lápiz de mina dura, fricciona a lo largo de los trazos del dibujo, ejerciendo una presión suave pero uniforme. No aprietes demasiado para no dejar marcas en el linóleo. Ejerce la presión justa para que se transfiera el dibujo a la superficie del linóleo. Puedes levantar una esquina del dibujo para comprobar cómo queda y determinar si tienes que friccionar con más firmeza o no.

PASO 4

Corrige aquellas partes del dibujo que no se hayan transferido bien. Ahora tienes la imagen invertida en el bloque y lista para tallarla. Si nunca has tallado linóleo, prueba las herramientas de talla en una zona del bloque que pretendas vaciar. Asegúrate de tallar poniendo el bloque sobre una superficie que no resbale y con buena iluminación. Sujeta con firmeza la gubia, pero sin presionar demasiado fuerte. Talla siempre en dirección opuesta a ti y cuida de tener la otra mano alejada del camino de la gubia.

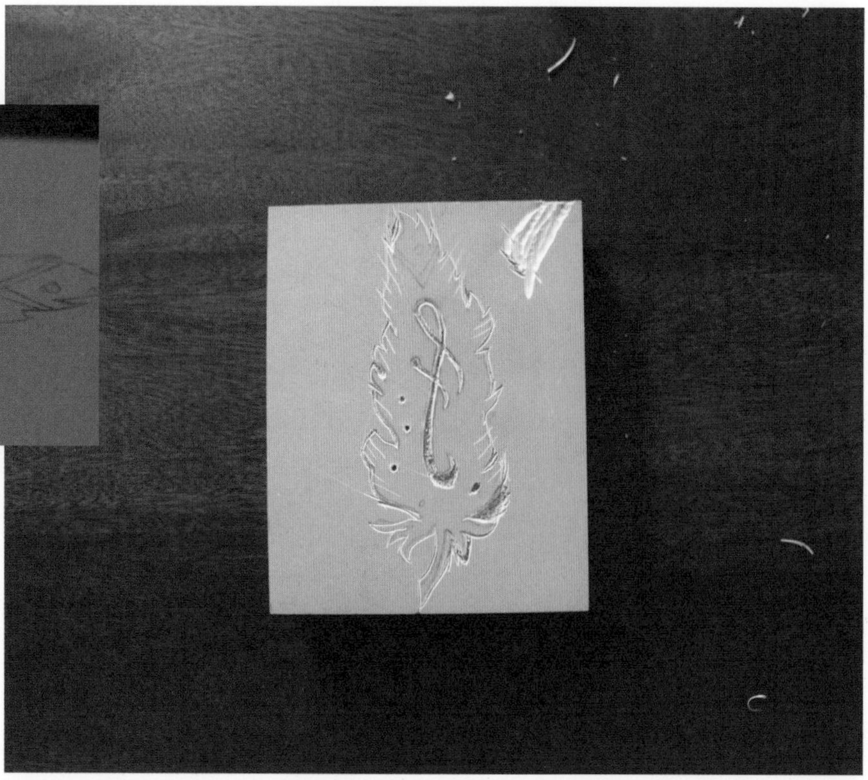

PASO 5

Empieza a vaciar todo aquello que no quieras que se imprima. A mí me gusta empezar tallando un contorno tosco del dibujo con la gubia más pequeña.

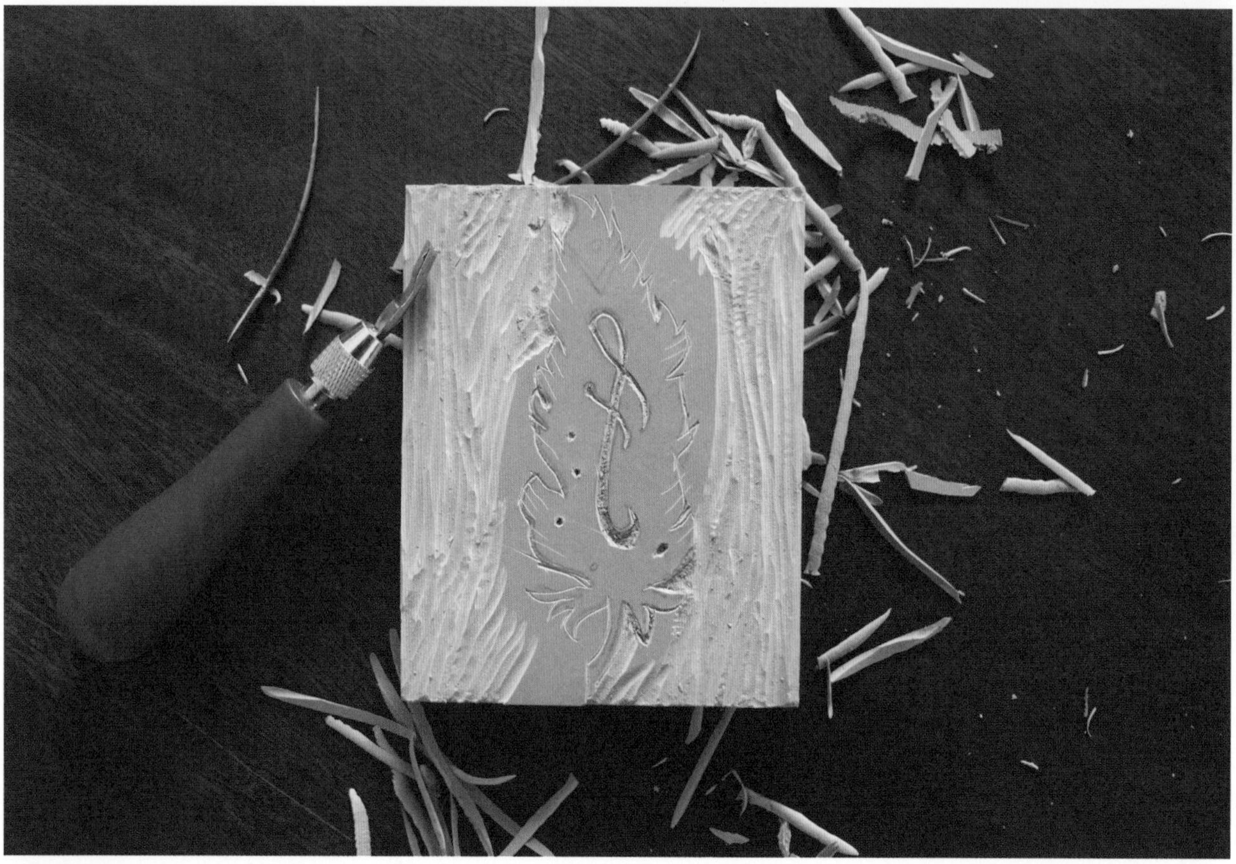

PASO 6

Usa la gubia más gruesa para vaciar las zonas más grandes del fondo.

PASO 7

Afina con cuidado y paciencia los detalles más intrincados con la gubia más pequeña. Dale los toques finales a tu talla.

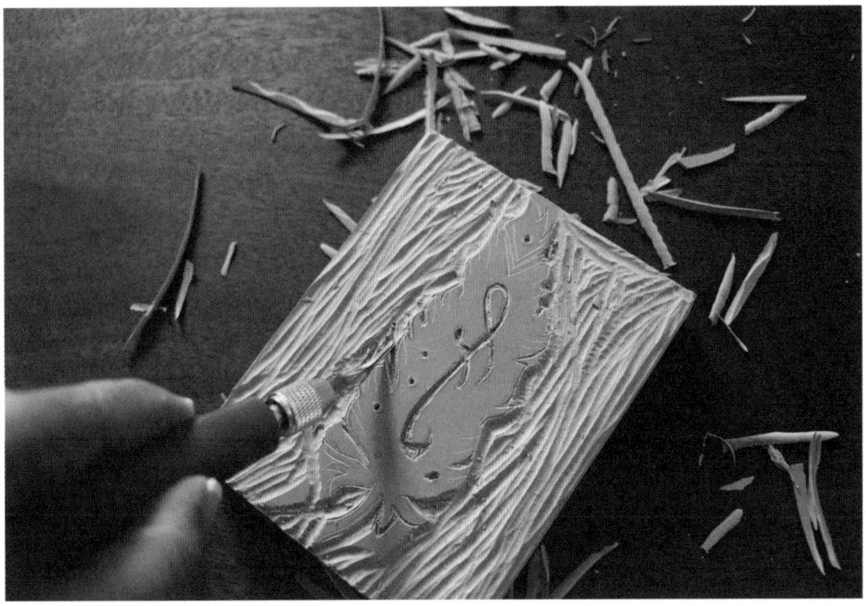

TRUCO DE ARTISTA

SI AL ENTINTAR DETECTAS PARTES MANCHADAS QUE NO QUIERES QUE SE IMPRIMAN, LÍMPIALAS CON CUIDADO CON PAPEL DE COCINA Y VACÍALAS CON LA GUBIA.

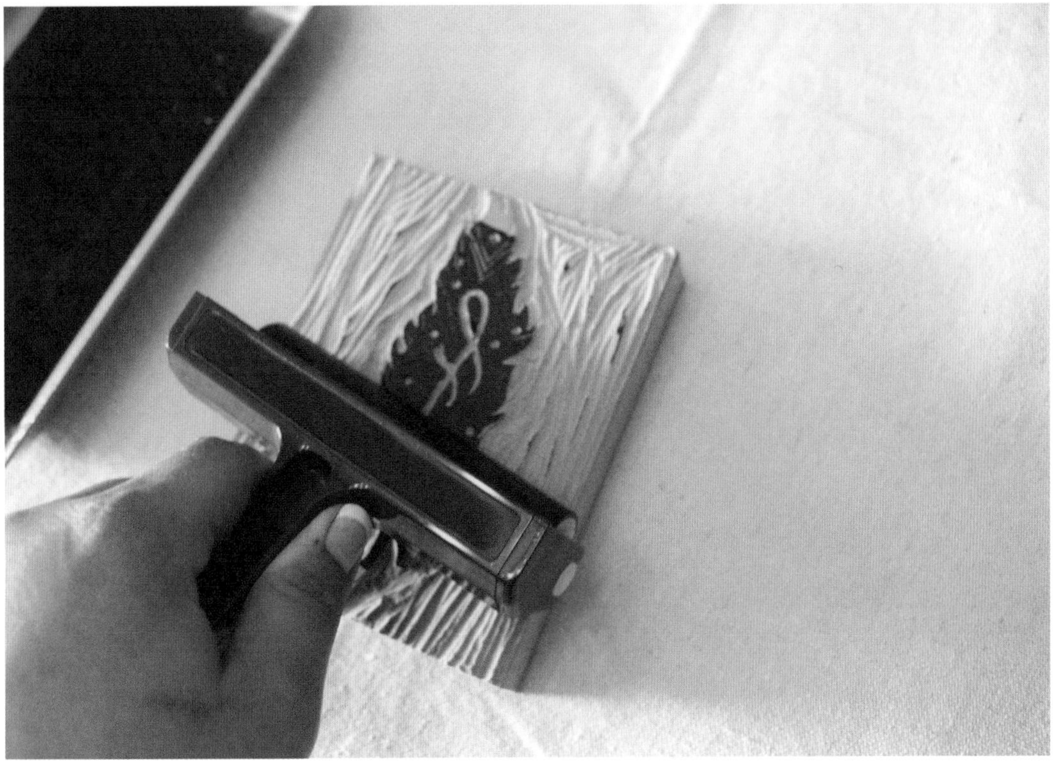

PASO 8

Ya tienes tu sello listo para estampar. Pon un poco de tinta en la bandeja de entintado. Pásale el rodillo a conciencia para que quede cubierta toda la superficie de la bandeja y quede una capa fina y uniforme de tinta en el rodillo. Pasa el rodillo con cuidado y aplicando presión uniforme por el sello tallado para entintarlo.

PASO 9

Puedes probar unas cuantas maneras de transferir la imagen al papel para ver cuál funciona mejor con tu sello tallado. Primero, coloca el bloque de linóleo con la imagen hacia arriba sobre una superficie firme. Deposita al papel sobre el bloque y haz rodar con cuidado un vaso de vidrio sobre la superficie.

En segundo lugar, prueba a poner el papel sobre una superficie lisa y coloca con cuidado y de manera uniforme el bloque sobre este. Aprieta con firmeza y levántalo. (Esta es la opción que se ve en las fotos.) Por último, prueba a poner sobre una superficie dura algo que la amortigüe un poco, como un trozo de cartón. Luego pon encima el papel de pruebas, coloca el sello sobre el papel y aprieta con firmeza y de manera uniforme.

PASO 10

Cuando hayas determinado qué método funciona mejor con tu sello tallado, ya puedes ponerte a estampar sobre el papel definitivo o cualquier otro soporte que elijas.

Estampar sobre tela

Si ya te satisface cómo se imprime tu sello en papel, ¿qué tal si lo pruebas para estampar sobre tela? Prueba con varios retales, tal como hiciste al estampar con papel. Ten en cuenta que las distintas texturas de las telas pueden hacer que absorban la tinta de manera diferente. Por ejemplo, un tejido muy fino puede dar un resultado impreso parecido al del papel, pero las telas con más textura, como las toallas, dan lugar a unas estampaciones mucho más difusas.

Estira la tela sobre un trozo de cartón colocado encima de una superficie de trabajo sólida y plana. Mezcla pintura acrílica con medium textil, según las instrucciones de este último. Deposita esta tinta textil casera en la bandeja o vidrio de entintado, pasa el rodillo y entinta con este el sello tallado. Coloca el sello sobre la tela y presiona con firmeza.

Trabajar con papeles y telas diferentes permite una serie de estampaciones únicas y variadas; nunca salen dos iguales. Después de experimentar con estos métodos de estampación, no temas lanzarte a más proyectos y aplicaciones impresas, desde papel y libros hasta artículos para el hogar. Las posibilidades son infinitas.

GALERÍA Y MÁS PROYECTOS

Una vez tengas dominados los fundamentos del lettering, descubrirás que no hay límites en cuanto a lo que puedes hacer con la rotulación y la tipografía sumadas a tu creatividad. Piensa más allá del papel y el lienzo: puedes rotular sobre casi cualquier cosa, desde madera y vidrio hasta cerámica y tejidos. Las posibilidades son ilimitadas. Dales un vistazo a estas inspiradas ideas para crear hermosas piezas de lettering hecho a mano. Encontrarás tutoriales con instrucciones paso a paso de estos proyectos y muchos otros en https://ggili.com/material-placer-lettering

Esta frase en latín rotulada en letras de colores sobre una esfera de reloj personalizada es el recordatorio perfecto para sacarle el máximo provecho al tiempo. Con un poco de tiempo y de creatividad, puedes crear un reloj que sea a la vez original, funcional, inspirador y decorativo.

¿Te has dado cuenta de que la gente que sonríe es siempre la más bella? La frase *Un sorriso, sei bella* significa en italiano "Una sonrisa, eres hermosa". ¡Qué mejor frase para rotular a mano un espejito para maquillaje! Esta es una manera sencilla, barata y bien pensada de crear un objeto verdaderamente especial para regalar a una persona y recordarle lo asombrosa y hermosa que es.

Si disfrutaste de las técnicas de iluminación de letras de las páginas 44-57, prueba a aplicar esas mismas técnicas con materiales diversos para crear una obra maestra fascinante, como esta caprichosa letra que cobra vida junto a una sirena en el fondo del mar.

Un bonito lienzo iluminado es una manera creativa de brindarle un sutil resplandor a cualquier habitación. Se puede usar también como fuente de iluminación nocturna. En esta pieza, las luces danzan resplandecientes alrededor de una rotulación inspiradora sobre un fondo abstracto, que evoca el impresionismo, la Vía Láctea y las flores silvestres de Texas al atardecer.

La pintura mural es una aplicación excelente para el lettering. Prueba a darle un toque sorprendente a tu rotulación pintando las letras con pintura fosforescente.

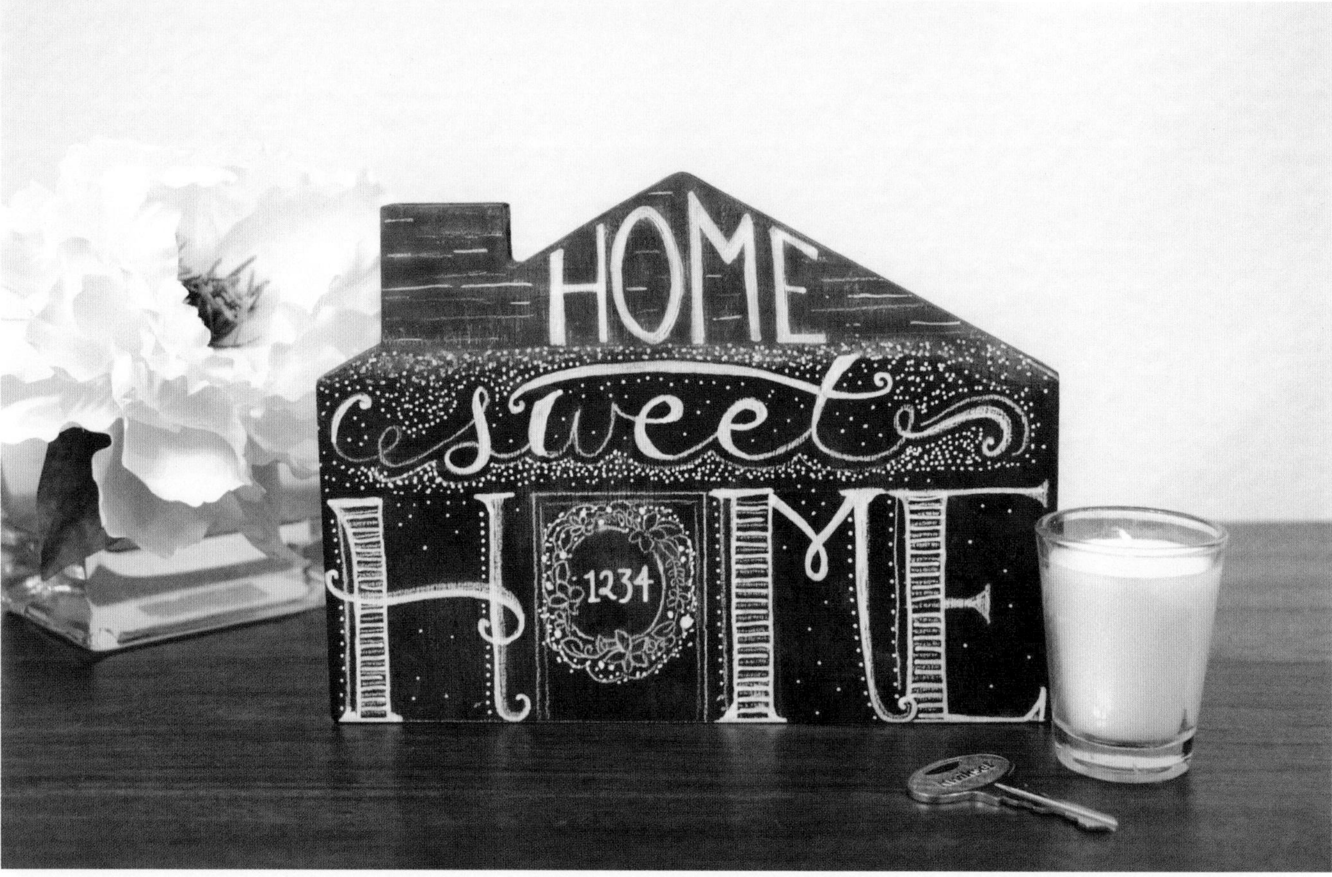

Este cartel casero es un regalo barato, pero cargado de buenas intenciones para un nuevo vecino o un amigo que se haya mudado de vivienda. Puedes comprar recortes de madera en tu tienda habitual de material para manualidades o en internet. Pintar el cartel con pintura de pizarra es muy sencillo y divertido. Con un poco de creatividad y unas letras rotuladas con tiza te quedará un regalo original y personalizado.

Este tablero para medir la altura, de madera y hecho a mano, es una manera maravillosa de combinar tu habilidad con el lettering, y tu patrimonio y tradiciones familiares. Es un recuerdo decorativo que puede pasar de una casa a otra de año en año y legarse a las futuras generaciones. También puede resultar un regalo personalizado para algún amigo que esté formando una familia.

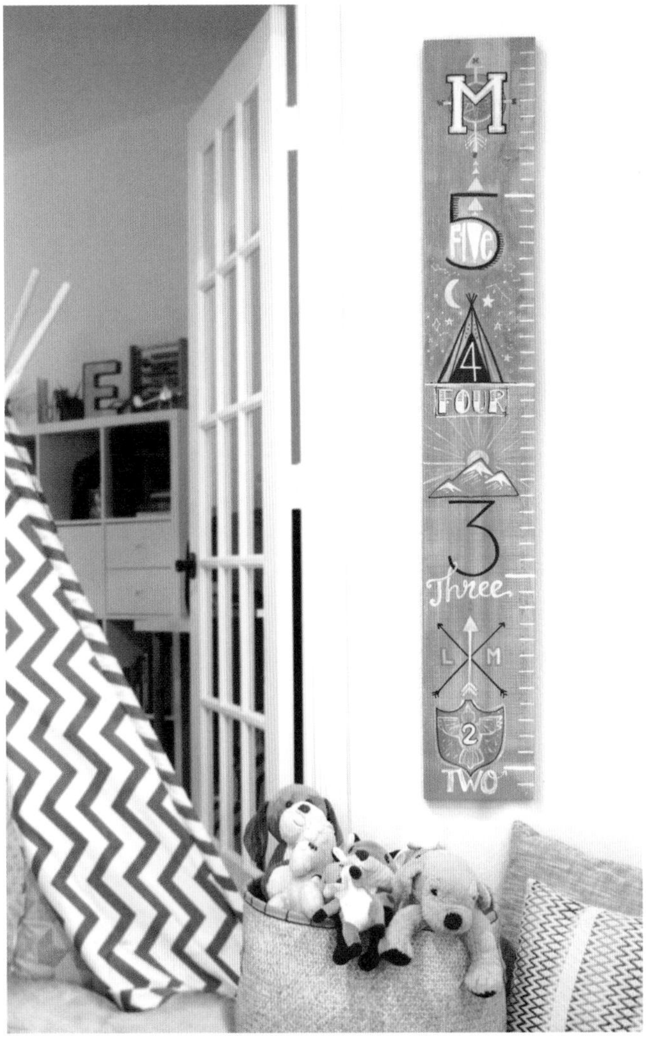

Una pantalla de lámpara rotulada a mano le dará a cualquier habitación una luz cálida y especial que hará que los ocupantes se sientan bienvenidos y como en casa. Escribe alguna frase o cita que te resulte especial o, sencillamente, un monograma formado por tus iniciales. Esta es una buena pieza para un vestíbulo de entrada, una habitación de invitados, un dormitorio infantil o cualquier otro espacio de una casa.

ACERCA DE LAS AUTORAS

Gabri Joy Kirkendall es una artista e ilustradora de la hermosa región del Pacífico Noroeste de Estados Unidos. Está especializada en lettering y caligrafía y dirige un negocio en internet dedicado a diseñar productos para empresas como Threadless y Society6. Ha tenido el placer de trabajar con clientes de lugares tan diversos como España, Australia y Nueva Zelanda. Gabri se licenció en Ciencias Políticas y Literatura Francesa, pero volvió a sus orígenes artísticos después de que le diagnosticasen un cáncer en 2009 y ahora, ya superada la enfermedad, está feliz e inmersa en actividades creativas. Su tiempo libre lo dedica a tomar té *chai* con coco, compra antigüedades, es una obsesa de los libros y fanática del Dr. Who y vive en Puyallup, Washington, con su marido John y su perro Tova, mezcla de labrador y caniche.

Jaclyn Anne Escalera es una comunicadora visual originaria de Tacoma, Washington, y de espíritu isleño. Se graduó en Bellas Artes, especializándose en diseño gráfico, y tiene experiencia profesional en diseño corporativo y branding para oenegés y pequeñas empresas. A Jaclyn la apasiona hacer letterings a mano que evoquen estados de ánimo, diseños llenos de colores y vistosas ilustraciones. Ha vivido y trabajado de diseñadora en Londres, en la isla hawaiana de Oahu y en el Pacífico Noroeste de Estados Unidos. Ahora dirige su empresa JAE Creative desde su casa en Austin, Texas. Es fácil encontrársela diseñando, con su fiel perro a sus pies y con música de ukelele sonando de fondo. Jaclyn es también una orgullosa madre y esposa de militar que se surte de inspiración en la naturaleza, en los viajes y en la fresca e inocente perspectiva que tiene su hija del mundo que la rodea. Cuando no está trabajando en proyectos para clientes, disfruta de pintar y de hacer manualidades y bricolaje, además de pasarse días haciendo senderismo o practicando el *paddle surf* con su familia.

AGRADECIMIENTOS

Gabri quisiera dar las gracias a sus padres y sus hermanos por todo su amor y su apoyo, a su marido, John, por su ayuda y sus dotes para la fotografía (y por tolerar que haya atiborrado la casa de proyectos de manualidades), a su hermana Kerri por su pericia con la fotografía y el tatuaje, a Karen por prestarle tanto material de oficina crucial, a Erin —que es en parte responsable de que exista este libro— y a todos aquellos que la han apoyado incluso en esos momentos en los que tenía las manos llenas de pintura y pegamento en el pelo. Gabri quiere dedicarle este libro a su suegra, Kim, que creyó en ella antes de que ella misma lo hiciese. El mejor regalo que puedes hacerle a una persona es verdaderamente creer en ella.

Jaclyn quisiera mostrar su agradecimiento a su marido, John, por su fe y su amor pese a estar al otro lado del mundo (*hu guaiya hao*), a sus padres y suegros por su incansable apoyo y por volar a Texas para cuidar de su nieta mientras ella trabajaba, a todos sus queridos amigos, cercanos y lejanos, a sus vecinos de Creekside, que han sido una verdadera fuente de apoyo, al profesor Avila por tomarse la molestia y el tiempo de ser mentor de sus alumnos, a Bea-Marie por sus sabias palabras, a Janelle por su arte fotográfico, y a Erin y Gabri por hacer realidad un sueño. Jaclyn quiere dedicarle este libro a su hija Jasmine Anne, su mayor fuente de inspiración y su obra de arte favorita.